습관은 실천할 때 완성됩니다.

좋은습관연구소가 제안하는 쉰 번째 습관은 "B2B 영업 마케터의 습관"입니다. 서점을 나가보면 B2B라고 명시된 마케팅 서적을 찾기가 매우 어렵습니다. 그 이유는 B2B 사이드가 워낙 다양한 형태의 비즈니스 모델과 거래 방식이 존재하기 때문에 이를 표준화해서 하나의 책으로 내놓기가 무척 힘들기 때문입니다. 운이 좋게도 좋은습관연구소는 오랫동안 B2B 영업 현장을 발로 뛴 저자와 함께 필드 영업자에게 가장 필요한 마케팅 프로세스와 다양한 돌발 상황에 대처할 수 있는 케이스를 한 권의 책으로 정리해볼 수 있었습니다. 저자는 10년 넘는 기간 동안 중국과 대만 한국을 오가며 TSMC를 비롯해 반도체 관련 기업을 대상으로 B2B 영업을 담당한 경험을 갖고 있습니다. 고객 서치부터 접촉과 협상, 납품 완료와 거래 유지까지. B2B 마케팅 설계 뒤의 수많은 이야기를 만나보시길 바랍니다. 조금이라도 현장의 고민을 덜 수 있었으면 합니다.

B2B 고객은 합체 로봇이다.

맡은 직무와 역할에 따라 니즈가 다르고 이해관계도 다르다.
머리, 두 팔, 다리, 허리에 조종석이 분리되어 움직이는 로봇과도 같다.

이런 고객을 상대하는 방법에 정형화된 방법은 없다.
표준화된 방법을 갖고서 끊임없이 응용할 뿐이다.

추천사

출판사 추천으로 출간도 되기 전에 이 책을 읽었다. 왜 〈B2B 마케팅 설계〉라고 제목을 붙였는지 이해할 수 있었다. 책에서 제시하는 10단계 프로세스는 마치 설계자의 구상처럼 치밀했다. 특히 2단계 고객 접촉 부분과 3단계 고객 니즈 확인 부분은 이 책의 전부인 것처럼도 느껴졌다. 고객이 구매하지 않을 수 없게 만드는 설계. 꼭 배워보고 싶다.

최근 읽은 마케팅 관련 책들이 대부분 브랜드와 브랜딩을 다루거나, SNS를 활용해서 어떻게 홍보를 잘하고 구매 전환을 잘할 수 있느냐를 다루는 책이 많았는데, 이 책은 전통적인 판매자와 구매자 사이의 관계에서 치밀한 설계와 설득을 다룬다는 점에서 좋았다.

오랫동안 B2B 영업 마케팅을 담당해온 작가의 현장 고증과 같은 책입니다. 책을 읽으며 작가가 현장에서 동분서주했을 장면이 떠올라 흐뭇했습니다. B2B 마케팅이라는 것이 워낙 다양한 상품군에 다양한 판매 루트를 갖고 있는 만큼 체계화가 어려운데, 이 일을 작가가 해냈다는 사실이 같은 업종에 있으면서 대단하다는 생각이 듭니다. 많은 분들이 꼭 읽어봤으면 좋겠습니다.

처음 읽으면서 든 생각은 참 시시콜콜하게 썰을 풀었네, 하는 느낌이었다. 근데 그게 바로 고수 선배가 하수 후배에게 해주는 잔소리 같기도 하고 꿀팁 같기도 했다. 진작 이런 선배를 만났다면 수출보국에 더 앞장섰을 텐데 말이다. ㅎㅎ.

B2B 영업 마케팅은 합체 로봇을 상대하는 일이라는 첫 페이지의 문구가 무척 와 닿습니다. 구매는 수많은 조직의 OK를 받아야 하는 일인만큼, 누굴 접촉하고 각각의 니즈가 무엇인지 파악하는 일이 중요하다는 말에 공감합니다. 고객 한 사람만 오케이해서는 안 되는 일입니다. 어떻게 모두를 내 편으로 만들 수 있는지 잘 알려주는 책입니다.

수출이 곧 한국 경제의 전부인데, 의외로 B2B 영업 마케팅에 대한 책은 출간이 드물었는데요. 이번에 좋은 책을 만나게 되어 참 기쁩니다. 10년 넘게 해외에서 생활하면서 경험한 영업 현장의 이야기가 잘 녹여져 있어서 흥미롭게 읽었네요.

〈마케팅 설계자〉라는 책이 히트를 쳤다. 이책도 히트 예감이다. "B2B 마케팅 설계"라니. 설계자는 게임에서 이길 수 있는 설계를 하지 절대 운에 맡기거나 하지 않는다. 이 책은 그런 점에서 경쟁사와의 전쟁에서 어떻게 이길 수 있는지 알려준다.

작가와 함께 일했던 분들

B2B 관련 업무를 하시는 모든 분께 본 노서를 추천힙니다. 제 업무는 온라인을 통해 해외에서 국내에 상품을 판매하는 이들에게 양질의 라스트마일 서비스를 제공하는 것입니다. 이번 책을 읽으며 해외 화주 고객을 대상으로 B2B 서비스가 제대로 되고 있는지 세일즈 프로세스 전반을 점검해보는 기회를 마련했습니다.

_ CJ대한통운 O-NE사업본부 글로벌직구팀 팀장 김현

이 책은 B2B 영업이 단순한 제품 판매가 아니라 고객사의 조직 구조와 의사결정 과정을 깊이 이해하는 것에서 시작된다는 점을 생생한 사례를 통해 설명한다. 실무에 바로 적용할 수 있는 현실적인 사례와 구체적인 프로세스를 담고 있어, 마치 현업의 한가운데에서 배우는 듯한 몰입감을 느낄 수 있다. 이론에 그치지 않고 실제 B2B 마케팅과 세일즈를 고민하는 모든 이들에게 꼭 추천하고 싶은 책이다.

_ 현대코퍼레이션 인재개발팀 김태윤 수석

필자와의 인연은 대략 20여 년 전 대만의 한인 성당에서 시작되었다. 그 당시 주재원 가족으로 만났는데 영업 일을 한다는 분이 영어, 중국어는 물론이고 수준급의 피아노 연주며 일러스트 실력까지 갖추고 있어 내심 놀랐던 기억이 있다. 두 번째 인연은 필자가 주재원 임기를 마친 다음 귀국한 이후 회사를 그만두고 기업교육 강사로 새로 출발한다는 소식을 접하면서였다. 당시 나 역시 교육컨설팅 기업에서 일하고 있던 터라 마케팅, 영업 분야의 전문 강사로 다시 인연을 맺게 되었다. 강사로서 필자의 강점은 풍부한 경험 기반으로 강의를 진행한다는 점이다. 이론에서 더 나아가 실질적이고 현업에 도움이 되는 다양한 사례와 방법들을 구체적으로 제시한다는 점에서 만족도가 매우 높다. 이번에 출간하는 책에도 그간 쌓아왔던 경험과 노하우를 모두 담아냈다. 특히 B2B 영업의 기본 프로세스를 10단계로 구분하여 전개함으로써 영업이 무엇인지, 어떻게 접근해야 하는지, 어떻게 고객을 만족시키고 신뢰를 구축할 것인지에 대해 재미있고 구체적으로 짚어주었다. 영업 스킬을 딱딱하게 설명하는 것이 아니라 인문학 서적처럼 잘 읽히면서도 중간 중간 줄을 긋고 메모하게 하는 책이다. 그런 만큼 영업이라는 업무의 초보 입문자에게 필독서로 강추한다.

_엑스퍼트컨설팅 박선경 사장

B2B
마케팅
설계

10단계
프로세스로
완성하다

김종혁 지음

좋은습관연구소

일러두기

1. B2B 영업과 B2B 마케팅을 따로 구분하지 않고, 같은 의미로 사용했습니다.

2. B2B 고객사가 있고, 고객사에 물건을 납품하는 B2B 공급사(제조사)가 있습니다. 고객사는 통상 삼성전자, 현대자동차 같은 대형(중형) 기업들로 최종 소비자를 상대하는 기업입니다. 공급사는 이들에게 여러 물건(소재, 부품, 장비 등)을 납품하는 회사입니다. 납품 단계에 따라 1차 벤더사, 2차 벤더사 이렇게 내려갑니다. 즉 공급사와 벤더사는 같은 의미입니다.

3. 이 책은 공급사(벤더사) 입장에서 고객사에게 어떻게 물건을 잘 팔고 납품할 수 있는지를 배우는 과정을 담고 있습니다.

프롤로그

90년대 중반(당시 25세) 군 제대 후 '해외 마케팅'에 대해 지대한 관심이 있었습니다. 그때만 해도 해외 마케팅이라면 영어와 일본어 공부를 하고 무역 회사나 상사에 취직해 그쪽 나라와 무역 업무를 하거나 수출 기업에서 자리를 구하는 것이 일반적이었습니다. 하지만 IMF의 혼란스러운 분위기에서 필자는 '중국' 쪽에 큰 변화가 있을 것으로 판단했습니다. '그곳에서 무엇이든 기회를 찾는다면, 분명 최소한 20여 년은 중국으로 먹고 살 수 있으리라.' 어린 마음에 이런 생각을 했습니다.

필자는 무작정 서울의 몇몇 신문사에 이메일을 보내고 기사(오지 여행기)를 연재할 테니 여행 자금에 대한 후원을 부탁했습니다. 90년대 중반이었던 당시 상황에서는 꽤 신선한 제안이었고, 결국 신문사 한 곳과 잡지사 한 곳에서 여행기 게재를 허락받았습니다. 그렇게 필자는 삼국지의 여정을 따라 중국 전역을 떠돌며 변화의 기운이 태동하는 드넓은 땅을 여행하고 경험할 수 있었습니다.

그런데 긴 여행의 과정에서 제 눈을 사로잡은 것은 대륙의 문화도, 환경도, 사회도 아니었습니다. 그러면 무엇이었을까요? 티베트의 성도(聖都) 라싸의 길거리 좌판에 놓인 천 원짜리 싸구려 액세서리였습니다(ㅎㅎ). 분명 일본 길거리에서 만 원에 팔리던 것과 똑같은 액세서리였는데, 열 배의 가격 차이라니! 게다가 소매로 천 원이니 도매가는 더 저렴하리라, 생각이 들었습니다. 필자는 액세서리 제조 공장을 찾아가 500원에 불과한 도매가를 확인하고는 '무역'이라는 일에 착수했습니다. 티베트 현지에서 도매가로 사들인 액세서리를 일본으로 가져가 판매하는 것이었습니다. 수많은 외국인 여행객들이 "와, 이거 우리나라에 가지고 가서 팔면 대박 나겠다"라고 말만 하고서 아무도 실행에 옮기지 않은 일을, 저는 직접 한 번 해보기로 결심했습니다.

티베트에서 물건을 잔뜩 산 다음, 버스와 기차로 이동해 베이징, 텐진항을 거쳐 고베에 도착했습니다. 그리고 오사카 길거리에 좌판을 펼쳤습니다. 인도 옷을 입고 머리를 노랗게 물들인 국적 불명의 외국인이 판매하는 액세서리는 대성공이었습니다. 단 며칠 만에 가져간 물량 전부를 판매할 수 있었습니다. 그렇게 판 돈을 갖고서 남은 여행 일정을 풍족하게 보내고 나서도 5백만 원 정도의 거금을 손에 남길 수 있었습니다. 외국에서 물건을 사들여 외국에 판매하는 과정, 금액은 크지 않았지만 필자는 '무역'과 '마케팅'에 대한 경험을 처음으로 해보는 계기를 맞았습니다.

이후 이러한 경험들이 기사화되고, 좋은 기회들이 연이어 다가온 끝에 필자는 인도와 네팔 현지의 물건을 백화점에 납품하는 회사를 운영할 수 있었습니다. 그러나 돈이 살짝 보이면 어김없이 경쟁은 찾아오는 법. 시장은 점점 레드오션화되었고 저는 하는 수 없이 사업의 마음을 접고 취업의 길을 선택했습니다.

대학을 졸업하고 중소기업에서 해외 마케팅과 세일즈 업무를 수행하게 됐습니다. 몇년 뒤 운이 좋게도 30대 중반의 나이에 당시에도 반도체 파운드리의 선두업체였던 TSMC를 위시한 UMC, PSC 등을 담당하던 한국 제조 업체의 대만 지사장 역할을 맡았습니다. 그때를 돌이켜보면 정말 두려움이 가득했습니다. 티벳과 중국 그리고 일본을 오가며 일했던 패기는 온데간데없었습니다. 당시에는 가진 능력에 비해 주어진 일이 너무 큰 역할이라 생각했습니다. 그래서 B2B 마케팅과 관련된 서적과 자료를 이용해 미친 듯이 공부했습니다. 한국어뿐만 아니라 영어, 일본어로도 자료를 찾으며 지식을 쌓아보았지만 두려움을 해결해 주지는 못했습니다. 한국어로 된 일반적인 마케팅 자료는 소비자 대상의 B2C에 치중되어 있었습니다. 결국 필자는 영업 현장에서 대만, 중국, 일본의 현업 선배들로부터 배우고 익히는 수밖에 없었습니다. 때로는 비웃음과 무시하는 분위기 속에서 몸으로 부딪히며 실패와 성공의 경험을 쌓아가며 관련 지식을 익혔습니다.

50대 초반인 지금 생각해보면, 그때는 정말 치기와 에너지가 가득한 30대의 무모함이었던 것 같습니다. 입장을 바꿔 생각해보면 그런 젊은이를 주재원으로 보낼 수 있었던 회사도 대단한 결성을 했구나, 하는 생각을 해봅니다. 필시 40-50대 직원은 실패가 예상되니 피했을 것이고, 당시 30대인 저는 경험이 없는 백지상태이다 보니 멋모르고 회사의 제안을 수락했던 것 같습니다. 하여튼 출발은 어떻게 되었든 국내 중소기업 소속으로 세계적 기업인 TSMC를 거래처로 개척하고, 반도체 산업의 태동기에 그들과 함께 일하며 B2B 마케팅에 대해 조금씩 눈을 뜰 수 있었습니다.

B2B 영업 마케팅 일을 그만두고, 2012년부터 기업 교육과 컨설팅 사업을 시작한 후, 지금까지 B2B 마케팅에 대한 기본을 강의해달라는 요청을 수없이 받아왔습니다. 그때마다 강의를 하면서 수강생들에게 추천해줄 만한 쉬운 자료와 교육이 있으면 정말 좋겠다는 생각을 했습니다. 하지만 B2B 마케팅 분야가

잘 체계화 되었다고 하는 일본에서도 관련 서적들을 찾아보게 되면 이론 중심의 대학 교재 스타일의 책이거나 영업 마인드를 강조하는 책 뿐이었습니다. 이에 필자는 영업의 최전선, 당장 내일부터 실무에 뛰어들어야 하는 B2B 영업 담당자나 마케팅 담당자를 위한 실제 사례에 기반을 둔 쉽고 친절한 책이 필요하다는 생각을 오래전부터 하고 있었습니다. 그러다 이번에 좋은습관연구소를 만나 출판의 기회를 얻고 이 책을 쓰게 되었습니다.

필자는 "B2B 고객은 한 덩어리가 아니다"라고 생각합니다. 한 회사 혹은 한 조직 안에 있더라도 직무와 역할에 따라 니즈가 다르고 조직 내에서 대립할 수도 있고 이해관계도 다르기 때문입니다. 이는 마치 머리, 팔, 다리, 허리에 조종석이 분리되어 움직이는 로봇과도 같습니다. 그래서 하나의 매뉴얼처럼 규정화된 지식으로 체계화하기가 어렵습니다. 하지만 꽤 오랜 시간 수정과 보완 끝에 그동안 현장에서 익힌 노하우를 갖고서 "B2B 영업 마케팅 프로세스"와 "B2B 영업 마케터의 좋은 습관"으로 정리해낼 수 있었습니다.

B2B 마케팅에 대한 막연함으로 괴로워하는 이들에게, 부디 이 책이 조금이나마 도움이 될 수 있기를 희망합니다. 감사합니다.

B2B 영업 마케터의 습관

1. 새로운 시장 정보 확인을 자주 해야 한다.
2. 고객의 데이터 관리와 분석을 자주 해야 한다.
3. 기존 고객사의 동향과 가망 고객사의 동향에 주의를 기울여
   야 한다.
4. 공식적인 정보 습득 채널 외에 비공식적 정보 습득 채널도
   갖고 있어야 한다.
5. 업계 내외의 네트워크 확장을 수시로 해야 한다. 이벤트와
   전시회 참여도 당연히 해야 한다.
6. 고객사에 맞는 맞춤형 가치 제안 개발을 해야 한다. 물건을
   판다는 생각 대신 솔루션을 제안한다는 생각을 해야 한다.
7. 고객사의 페인 포인트가 무엇인지 수시로 확인해야 한다.
   B2C처럼 페르소나를 설정하고 활용할 필요가 있다.
8. 고객사의 여러 이해관계자들 사이의 관계를 파악하고, 이들
   의 각각의 니즈를 확인하고, 이중 누가 가장 영향력이 높은
   지를 파악해야 한다.

9. 효과적인 세일즈 피칭 연습도 자주 해야 한다.

10. 효과적인 프레젠테이션 연습도 기본이다.

11. 수시로 경쟁사 분석을 하고 동향 파악을 해야 한다.

12. 경쟁사 담당자와의 만남도 피하지 않고 자주 해야 한다. 그들은 경쟁자이면서 동료이기도 하다. 언제 동료가 될지, 갑과 을로 위치가 바뀔지 알 수 없다.

13. 고객사 방문과 담당자와의 대화는 매일 같이 해도 모자라지가 않다. 일상에서 정보가 나온다.

14. 시장 환경과 고객사 환경도 시시각각 변하는 만큼 영업 프로세스 개선에 대해서도 상시로 생각하고 아이디어를 도출해야 한다.

15. 자사의 신제품이나 새롭게 업데이트된 서비스에 대해서도 철두철미하게 공부해야 한다.

16. 자사 공장 방문, 생산 라인 점검도 자주 해야 한다. 고객사로의 납품 일정과 생산 상태를 맡겨만 둬서는 안 되고 수시로 점검해야 한다.

17. 자사의 생산팀이나 다른 부서와 협력하는 노력도 매우 중요하다.

18. 협상 기술에 대한 개발과 학습도 빼놓지 말아야 한다.

19. 영업 보고서 작성 스킬도 꾸준히 연마해야 한다.

20. 디지털 마케팅 활용 능력도 추가로 공부해야 한다.

목차

B2B 마케팅의 과정은 마치 클래식 음악이 만들어지고 연주되는 것과 같습니다. 정교하고 복잡한 작곡과 편곡 과정을 거쳐 지휘자를 중심으로 현악기, 관악기, 타악기 연주자들과 협업해 완벽한 하모니가 만들어집니다. B2B 고객은 이를 꼼꼼하게 검토합니다. 제품 스펙은 물론이고 제품을 공급하기로 한 공급사의 역량과 레퍼런스 등을 철저히 따집니다. 이때 공급사 역시 기술팀, 영업팀, 마케팅팀, 고객지원팀으로 역할을 나눠 유기적으로 협력해 고객사의 주문과 요구 사항을 완벽히 처리합니다. 이 과정에는 이성을 제외한 감성이나 감정이 개입될 가능성은 극히 낮습니다. 하지만 B2C 마케팅은 좀 다릅니다. 이성적인 판단보다는 감정적인 교감을, 집단의 니즈보다는 개인의 욕망을 자극해서 충동구매를 하도록 이끕니다.

B2B와 B2C는 공통점이 전혀 없어 완전히 다른 것이라고 말하는 사람을 종종 봅니다. 하지만 B2B 고객도 조직에 속한 개인입니다. 그래서 간혹 감정적인 요소에 의해 영향을 받을 때도 있습니다. 이 둘은 어떤 차이가 있고, 어떤 공통점이 있는지 알아보도록 하겠습니다.

1
B2B와 B2C에 대한 이해

B2B 마케팅을 지식화하고 매뉴얼화한다는 것은 참 어려운 일입니다. 산업마다 특수성이 존재하고 항상 예외 사항이 발생하기 때문입니다. 그리고 다양한 의사결정 과정과 프로세스가 존재합니다. 그래서 경험(경력)이 참 중요합니다. 이 책에서도 가급적 많은 사례(케이스)를 소개하면서 응용력을 기르는데 초점을 맞췄습니다.

경험과 지식
2002년부터 중국에서 마케팅, 세일즈 업무를 시작해서 2012년 초까지 주로 B2B 마케팅과 세일즈 업무를 해외 고객을 대상으로 해왔습니다. 현업에 있을 때 가장 기억나는 교육 경험을 말씀드려보겠습니다. 이 이야기를 말씀드리는 이유는 B2B 교육이 드물기도 하고 어렵다는 걸 한 번 더 밝히기 위해서입니다.

2007년 즈음 바쁘게 중국과 대만의 반도체 제조 업체를 대상으로 영업을 할 때 중견 기업이었던 한국 본사에서 호출이 왔습니다. "교육을 받아야 하니 한국으로 들어와라!" 바쁘긴 했지만 평소에 세일즈, 마케팅, 경제, 경영 관련 책을 읽는 것을 좋아하고 이론이 부족하다는 것을 뼈저리게 느끼고 있던 터라 기대를 많이 하며 본국으로 귀국해 교육에 참여했습니다. 온종일 받는 교육이었는데, 강사는 소비재 영업 직무를 오래 담당했던 분이었습니다. 그래서 그런지 고객 만족, 서비스 정신, 영업 마인드 같은 얘기를 계속해서 하는데, 나중에는 지치고 좀 짜증이 났습니다. 교육이 끝나고 나서 인사팀 담당자에게 화를 냈던 기억이 납니다.

"이 중요한 시기에 교육을 들으러 한국까지 왔는데 기껏 듣는 이야기가 '고객 만족', '세일즈 마인드', '할 수 있다!', '주인의식' 이런 것밖에 없네요. 참 시간이 아깝습니다. 제발 B2B 영업에 필요한 교육 좀 찾아주세요. 화장품이나 보험 영업용 교육 좀 찾지마시구요. 파는 게 다르잖아요. 기계나 장비, 소재, 공구가 소비재 상품하고 고객이나 특성이 같나요?"

이후에도 추가로 몇 번 더 교육을 이수했지만 필자 생각으로 아주 유용했다고 생각되는 교육은 거의 없었습니다.

몇 년 후 대기업으로 이직한 후 모 대학교 경영학과 교수님을 모시고 하는 '마케팅 교육'을 수강한 적도 있었습니다. 하지만 이번에도 크게 다르지 않았습니다. 교재는 영어 원문 그대로였고 사례도 없이 이론, 이론, 이론만 이어지는 강의였습니다.

의문이 들었습니다.

"왜? 제대로 된 산업재, 중간재, B2B 영업 마케팅 교육을 찾기가 힘들까?" 근데, 답이 나오더군요. "경험"과 "지식" 둘 다가 필요하기 때문입니다. 근데 이 둘을 갖고서 강의를 하는 분은 흔치 않습니다. 어쩌면 이 책을 쓴 필자가 처음일지도 모르겠습니다(ㅎㅎ).

정의

B2C는 Business to Consumer, 말 그대로 일반 소비자를 대상으로 하는 마케팅을 의미합니다. 여기서 소비자(Consumer)란 누굴까요? 바로 매일 우리 제품과 서비스를 구매하고 사용하는 고객이자 나 자신입니다. 일반 소비자로 일상생활 속에서 살펴보고 구매할 수 있는 다양한 제품들이 B2C 제품에 속합니다. 편의점(유통 소매 업체)에 들어가 보면 온갖 먹을거리와 마실 거리, 생필품 등 많은 상품이 진열되어 있습니다. 각 분야 전문 제조사들이 만든 상품이거나, 유통 업체가 독자적으로 유통하는

PB상품입니다. 최종 소비자는 이중 하나를 선택해서 구매합니다. 이러한 과정이 B2C의 기본 구조입니다.

B2B는 Business to Business입니다. B2B의 고객은 '기업'이라는 점에서 B2C와 다릅니다. 즉 영어로 Organization, 바로 '조직'을 대상으로 영업, 홍보, 마케팅을 합니다. 그렇다면 대한민국을 기준으로 보면, B2B 기업이 많을까요 아니면 B2C 기업이 많을까요? 흔히들 B2C 규모가 더 클 것으로 생각하지만, 대한민국은 B2B 산업이 전체 60% 이상 정도라고 합니다.

B2C의 규모가 B2B보다 커지기 위해서는 최소 1억 인구의 자체 내수 시장이 필요하다는 '1억 내수론'이 있습니다. 미국이나 일본 그리고 중국은 인구가 많기 때문에 B2C 시장이 규모의 경제를 가지면서 발전합니다. 하지만 대한민국이나 대만은 내수 시장 중심으로 경제 정책을 시행하기에는 규모가 작습니다. 그래서 B2B 중심의 수출 기업(시장) 중심으로 경제가 돌아갑니다.

형태

B2C를 흔히 '소비재'라고 이야기하고, B2B는 '산업재' 혹은 '중간재'라고 이야기합니다. 하지만 혼동해서는 안 되는 것이 소비재라고 무조건 B2C 방식으로 팔아야 하는 것은 아니라는 것입니다. 소비재도 B2B 방식으로 팔 수 있습니다.

간단한 예를 들어보겠습니다. 생수 사업을 생각해보겠습니다. 제주도에서 지하수를 채취하여 생수를 만들었습니다. 그런 다음 큰 비용을 투자하여 유통 조직을 만들고, 유명인을 섭외한 CF를 만들고, 그렇게 광고하면서 소비자의 선택을 받습니다. 판매에는 이런 방법만 있는 것은 아닙니다. 이마트나 코스트코 같은 대형 마트에 납품해 판매를 할 수도 있습니다. 이때 우리가 설득해야 할 상대는 개별 소비자가 아니라 마트의 구매 담당자입니다. 당연히 B2C와는 다른 방식의 접근이 필요합니다. 그리고 그 반대도 성립됩니다. B2B 영업 방식으로 판매해오던 '시세차'가 있다고 가정해보겠습니다. 이 지게차를 초대형 공장, 유통 업체 고객에게만 판매한다면 B2B 영업과 마케팅 방식을 활용해야겠지만, 전략을 바꿔서 개인에게도 판매한다면 B2C 마케팅 방식도 활용해야 합니다. 실제로 개인이 지게차를 사는 경우가 소규모 사업체에서는 종종 일어나는 일입니다.

우리가 B2B라고 당연히 알고 있지만, 일반 고객을 대상으로 광고나 마케팅을 하는 사례가 꽤 많아졌습니다. 중요한 것은 같은 제품이라도 일반 소비자를 대상으로 한 마케팅은 좀 더 감성적이고 정성적으로 고객의 욕구를 자극해야 하고, 반면 조직과 회사를 대상으로 할 때는 조금 더 정량적이고 드라이하며 숫자로 각 담당자를 설득해야 한다는 점입니다.

그리고 B2B와 B2C는 융합될 수도 있고, 확장될 수도 있습니다. B2B2B라든지, B2B2C, B2C2B 등으로 판매 전략과 방식에 따라 얼마든지 더 세분될 수 있습니다. 그리고 D2C(Direct to Consumer), C2C(Consumer to Consumer), C2B(Consumer to Business), G2B(Government to Business), C2G(Consumer to Government) 등과 같이 비즈니스 거래 유형도 정말 다양합니다.

고객

B2B 수요의 주체는 회사, 공장, 사무실 같은 '조직'입니다. 한마디로 '덩어리'입니다. 그래서 B2B 고객을 지칭하는 용어로 해외에서는 Customer나 Consumer보다 Account라는 말을 더 많이 씁니다. B2B 영업 사원을 두고는 Account Manager, B2B 거래처 관리는 Account Management로 지칭합니다.

B2B에서 제일 잘 통하는 법칙이 상위 20%가 전체의 80%를 차지한다는 '파레토 법칙'(Pareto principle)입니다. 이 법칙을 따르게 되면 몇 개의 주요 고객사가 많은 매출과 이익을 점유하게 됩니다. 그런데 판매하는 입장에서 협상의 우위를 점하려면 이런 상황은 별로 좋지가 않습니다. 배트나(BATNA: Best Alternative To a Negotiated Agreement)가 없기 때문입니다. 즉 옵션이 없다는 뜻입니다. 그러면 '판매 다변화'가 이슈로 등장합니다. 다른 고객의 비중을 높여야 한다는 뜻이 됩니다. 그러나 경험적으로 보게 되면 B2B에서는 이런 상위 주요 고객을 잘 관

리하는 게 더 낫습니다. 새로운 고객도 잘 없을 뿐더러 경쟁사의 입김이 센 다른 고객을 새롭게 개척하는 일은 어마어마한 비용이 들기 때문입니다. 이런 상위 주요 고객의 관리를 케이에이엠(KAM: Key Account Management)이라고 합니다.

고객사는 겉으로 보면 하나지만, 하나의 회사 안에서 여러 조직과 담당자가 있고 이들 사이의 수많은 이해관계가 있습니다. 니즈(Needs)도 고충(Pain)도 각기 다르기 때문에 제시하는 가치 제안(Value Proposition)이나 문제 해결법(Solution)도 확연히 다릅니다. B2B 영업에서는 이러한 점을 잘 고려해서 접근해야 합니다.

만약 타겟 고객 회사를 선택했으면 조직도를 파악해서 타겟 부서를 선택하고, 그중에 우선순위를 결정해 우리 측 선수를 붙여서 공략해 들어가야 합니다. 영화나 드라마에 나오는 드라마틱한 전개는 현실에서는 별로 일어나지 않습니다. 품질과 공급가, 캐파(공급량)와 납기, 레퍼런스 등을 협상 테이블에 올려놓고 오랫동안 테스트하고 검증하고 협상하고, 그러면서 테이블 밑에서는 기존 공급사와 신규 공급사가 치열하게 싸우는 게 현실의 모습입니다. 이걸 못 버티면 아웃(OUT)됩니다.

B2C에서의 고객사는 '개인'(Consumer)입니다. 자신에게 필요한 물건을 사기 위해 편의점이나 할인 마트나, 슈퍼마켓, 백화점 혹은 온라인 쇼핑몰을 찾는 분들입니다. 이들은 가격에

민감합니다(상품의 위상과 경제 환경에 따라 바뀌기도 합니다). 필자도 쿠팡이나 네이버 쇼핑 등에서 물건을 살 때 '판매량 많은순' 혹은 '낮은 가격순'으로 정렬해서 보곤 합니다. 가격도 적당히 저렴하고 판매량도 많은 물건이라면 크게 고민하지 않고 구매합니다. 그리고 '지름신'이 강림해서 '뽐뿌'가 왔을 때도 지갑을 엽니다. 어느 순간 나도 모르게 ○○페이로 결제하고 있습니다. CX(Customer eXperience), 즉 고객 경험을 잘 설계했기 때문입니다.

최근의 B2C 고객은 브랜드에도 민감하고 상품 제조사의 ESG 평판에도 관심이 많습니다. 어려서부터 부모님으로부터 "전자 제품은 금성(Goldstar)이 최고야"라는 말을 꾸준히 들었고, 인스타 릴스나 유튜브 쇼츠에서 본 LG전자의 트랜디하고 짧은 영상을 여러 번 보기도 했고, 자주 방문하는 커뮤니티에서 LG전자 제품이 최고였다는 후기도 봤습니다. 그렇다면 결혼할 때나 분양받은 새 아파트에 입주할 때 십중팔구 LG 베스트샵으로 발길이 향할 것입니다.

이처럼 조직적으로 검증해서 정량적으로 치밀하게 계획적으로 구매하는 것이 B2B 고객이고, 지극히 개인적인 관점에서 즉흥적으로 구매하는 고객이 B2C 고객입니다.

의사결정

B2B에서 거래되는 제품이나 서비스는 어떤 것이 있을까요? 공장에서 사용하는 제조 설비와 기계 장비, 건설 현장에서 사용하는 굴착기 같은 중장비, 창고에서 사용하는 지게차와 로봇, 제조 업체에서 사용하는 반도체, PCB 같은 부품과 소재, 원자재, 작업복, 포장 박스, 직원 식당에서 사용하는 식자재와 소모품, 식당 운영을 대행해주는 서비스, 회계 대행 서비스, 법률 서비스, 오라클이나 SAP 같은 회사들이 만든 기업용 소프트웨어, 교육과 인사, 총무 서비스 등이 있습니다.

B2B의 고객 수는 많을까요 적을까요? 일반적으로 B2C 소비자나 소매점은 수가 훨씬 더 많습니다. B2B 고객은 '소수'입니다. 대신 구매에 참여하는 인원이 많습니다. 공장에 설치하는 신규 장비 구입을 생각해본다면 쉽게 이해가 됩니다. 구매 담당자가 서명한다고 해서 그걸로 끝이 아닙니다. 결재를 올리면 공장으로 참조가 되고, 구매 팀장과 상무를 거쳐 재무팀으로도 참조가 되고, 다시 부사장과 사장을 거쳐야 결재가 완료됩니다. 그런 다음 물건이 도착하고 설치에 들어갑니다. 이 과정은 오랜 시간과 함께 수많은 논의와 협상을 필요로 합니다. 향후 발생할지도 모를 문제와 책임 소재 등을 명확히 혹은 불명확하게 (?) 하기 위한 작업입니다.

B2C는 어떨까요? 온라인 쇼핑몰이나 할인 마트에서 뭔가

를 살 때 결재를 올리나요? 몇 년 전 커뮤니티에서 40대 남성이 자기가 좋아하는 맥주와 안줏거리를 쇼핑카트에 넣었다가 아내로부터 엄청난 잔소리를 들었다는 글을 본 적이 있습니다. 그런데 이런 결재(?) 상황이 일반적이진 않겠죠? B2C의 구매 결정은 B2B에 비해 단순하고 참여하는 인원도 적습니다. 개인적인 생활용품은 가족 동의 없이도 알아서 구매할 것이고, 대형 전자 제품 등은 부부끼리 논의할 것이며, 아이들 가구나 노트북 등의 구입은 자녀와 상의할 것입니다. 많아 봤자 한두 명, 두세 명쯤 됩니다.

여담으로 B2B 산업의 특징을 몇가지 더 말씀드리겠습니다. B2B 영업 사원이 1인당 담당하는 고객 수는 얼마나 될까요? 그동안 제가 진행하는 교육이나 워크샵에서 꾸준히 설문해보았습니다. 삼성전기 같은 전자 관련 부품 회사는 1인당 담당 회사가 7-8개 정도로 제일 적은 편이었고, KCC 건재 담당 사업부는 주로 대리점을 상대하기 때문에 1인당 담당 회사가 30-40개 정도였습니다. 비슷한 사업 모델을 영위하고 있는 한솔홈앤데코의 경우에는 1인당 50-60개 정도의 대리점을 고객으로 두고 있었습니다. 산업은 조금 다르지만 시스템 개발, 클라우드 서비스를 제공하는 롯데정보통신도 이와 유사했습니다. 그리고 기업 고객을 대상으로 렌터카 서비스를 제공하는 롯데렌터카 담당 사업부는 영업 사원 1인당 100개 이상의 회사(개인사업자까지 포함)를 담당하고 있었습니다.

그리고 B2B 고객사들은 산업별로 지역 집중화 경향도 갖고 있습니다. 기계나 금속은 창원, 전자 부품은 안산, 화학&에너지는 울산과 포항, IT 업체는 판교에 많이 모여있습니다. 이렇게 모여 있는 이유는 물류나 서비스의 효율성과 정책적인 지원 정책 때문입니다. 관련 기업이 몰려들기 시작하면 그 지역은 특정 산업의 중심지로 성장합니다.

영향력

B2C 상품은 혹여 제품에 문제가 발생하더라도 영향력이 B2B에 비해 범위도 작고 복합적으로 일어나지도 않습니다.

만약 배달 음식에서 이물질이 나왔다면, 우선 그 상품의 유통을 금지하고 어떤 과정에서 문제가 발생했는지 빠르게 원인을 파악하여 그에 따른 후속 조치를 실행한다면 피해를 최소화할 수 있습니다. 하지만 B2B는 다릅니다. 예를 들어 내연 자동차의 엔진에 사용되는 피스톤링(개당 1천 원 정도)이 문제가 되면 엔진오일이 빠르게 소진됨으로써 소비자의 자동차 유지 비용이 증가하고, 심하면 2백만 원 이상의 비용을 들여 엔진 보링(엔진 해체 수리)를 해야 할 수도 있습니다. 만약 엔진 과열로 차량 화재라도 발생한다면, 그로 인해 소비자가 피해(혹은 손해)라도 입게 된다면, 보상액은 천문학적으로 높아져 결과적으로 제조사는 파산하게 될지도 모릅니다.

B2B 제품에는 윤리적인 문제의 관여 가능성도 높습니다. 대표적인 사례가 미츠비시 자동차입니다. 미츠비시는 70년대부터 각종 자동차 경주 대회에서 우승을 하는 등 우수한 엔진 기술을 갖고 있는 회사였습니다. 그러다 2002년 일본 요코하마에서 주행 중이던 미츠비시 트럭의 차축 부품인 허브가 파손되어 대형 타이어가 떨어져나왔고 이것이 혼자 굴러가다 인도를 걷고 있던 가족을 덮쳐버렸습니다. 이로 인해 두 아이는 중상을 입고 아이의 어머니는 사망하는 일이 발생했습니다. 연일 언론에 대서특필이 되었습니다. 미츠비시 자동차 측은 생산 노동자가 볼트를 허술하게 조여서 사고가 발생했다는 쪽으로 몰고 가려고 했지만 내부 고발이 있었습니다. 원래부터 설계 오류가 있었고 부품의 강도가 부족했으며, 그동안 이 사실을 은폐하고 있음이 드러났습니다. 그 후로 미츠비시 자동차는 수조 원의 적자를 냈고 파산 직전까지 갔습니다.

이렇듯 B2B에서 거래되는 제품의 문제는 단순히 제조 공정에서의 추가 비용만을 야기하는 것이 아니라 최종 사용자의 안전에도 영향을 미치며, 가치 사슬 전체로는 브랜드 이미지와 신뢰도에도 복합적인 영향을 미치게 됩니다.

유통

B2C 유통은 간접(Indirect) 유통의 비중이 훨씬 큽니다. 식품 기업을 창업했다고 생각해 보겠습니다. 하고 싶은 유통 방식은 '직접 판매' 방식입니다. 브랜드 이미지를 강화시키는 마케팅을 하고, 소비자와의 관계를 직접 관리하고, 판매 직원들이 본사에서 직접 운영하는 채널로의 판매를 생각합니다. 하지만 이런 방식은 어마어마한 비용이 들어갑니다. 창업 초반에 시도하기에는 꽤 위험 부담이 큽니다. 그렇다면 쉽게 접근할 수 있는 다른 방법은 없을까요? 바로 도매 유통입니다. 제안서를 만들어 유명 온오프라인 유통 채널 MD에게 연락해서 입점 허락을 요청하거나 도매상에게 대량으로 판매한 후 간접적으로 소매업자 공략을 할 수 있습니다. 이렇게 매출과 현금 흐름을 개선해 스케일업을 한다면, 기존 유통업자들과 충돌을 최소화하면서도, 별도의 브랜드를 붙여 온라인으로 유통하거나 오프라인 직영점을 운영하는 것까지도 고민해 볼 수 있습니다.

반대로 B2B의 유통은 직접(Direct)유통의 비중이 훨씬 높습니다. 산업의 종류와 성격에 따라 차이가 있겠지만 B2C와 비교한다면 단계가 적습니다. 직접 관리하는 '직판'의 매출 점유비가 상대적으로 높습니다. 그래서 주요 고객(Key Account)의 중요성이 다시 부각됩니다. 충성도를 높이고 관계를 강화하는 동시에 배트나(BATNA)도 강화해서 협상력도 올려야 합니다.

협상 스킬

필자와 필자의 아내는 집 앞 과일 가게에서 딸기를 살 때 구매하는 방법이 확연히 다릅니다. 필자는 오늘 들어온 1만 5천 원짜리 딸기 1팩과 어제 들어온 1만 3천 원짜리 딸기 1팩을 봐도차이점을 잘 모르겠지만, 막내아들이 좋아하니 별다른 생각 없이 1만 5천 원을 지불하고 딸기를 구입합니다. 반면, 아내는 꼼꼼하게 상태부터 확인합니다. 어제 들어온 딸기와 오늘 들어온딸기의 신선도를 확인한 후 어떤 것을 구매할지 빠르게 비교해서 결정하고, 조금 깎아달라는 딜(Deal)을 합니다. 그러면 여기서 다양한 스킬이 오고 갑니다. 판매자는 안 된다고 했다가, 그러면 단골손님의 감정이 상할까, 귤 한 개를 더 주겠다는 스킬을 쓰고, 아내는 그걸 받고 사과도 하나 더 달라고 반격합니다.판매자는 다시 그건 안 된다고 거절을 합니다. 그러면서 다른작은 과일 하나를 챙겨주겠다 하면서, 결제할 때 5백 원이나 1천 원 정도 할인을 해주기도 합니다.

필자가 기업 강사 일을 시작한 지도 2025년 들어 14년째입니다. 네이버나 구글 검색을 통해 전화나 채널톡으로 연락을주시는 기업 고객 교육 담당자분들이 "강의료가 어떻게 되나요?"라고 여쭤보면, 답하는 스킬이 있습니다. 먼저 비슷한 규모의 고객사 레퍼런스 중 가격대가 조금 높은 곳의 실제 금액을알려드립니다. 그러면 더 낮게 가격을 부르기 어려운 게 사람

심리입니다. 삼성에서 시간당 100만 원으로 진행했다고 한다면, LG의 교육 담당자는 비슷한 수준에서 강의료를 맞추려고 하지 더 많이 깎자고는 못합니다. 그러면서 필자는 두세 시간 특강 강의료와 여덟 시간 이상짜리 교육 강의료는 다르다는 것을 또 말씀드리고, 빠르게 커리큘럼과 견적서, 샘플 강의 자료 등을 제공합니다. 그리고 마지막에 'One more thing'을 꼭 추가합니다.

"대리님, 강의료는 대리님께서 편하게 결재 올리실 수 있는 금액으로 하시면 되겠습니다 우선 이 프로젝트를 성사해서 진행하는 것이 우선이 아니겠습니까? 마지막까지 좋은 결과로 마무리될 수 있도록 최선을 다하겠습니다."

중간에 교육 컨설팅 업체(교육 업계의 대리점, 에이전트)가 껴서 카톡이나 전화로 연락이 오는 경우도 있습니다. "○○ 대기업에서 B2B 마케팅 3일 과정을 요청했는데 교육비를 어떻게 받으시나요?"라고 연락이 오면 커미션을 최대한 확보하고 싶은 그들의 입장, 빈 스케줄을 채우고 싶지만 다른 고가의 특강이 생길 수도 있는 필자의 기회비용, 연락이 온 곳이 대형 업체라면 그들과의 장기적인 관계까지 고려해서 답을 합니다. 고차방정식이나 마찬가지입니다.

이렇듯 B2B의 협상은 '계획' 단계에서부터 고객과 경쟁사에 대해 최대한 많은 정보를 수집해야 하고, '대화' 단계에서는 표

면적인 요구 사항과 내면의 욕구를 빠르게 구분해야 하며, '제안' 단계에서는 고객 입장에서 얻을 수 있는 가치를 정량적으로 정리해서 보여줘야 하고, '협약' 단계에서는 마지막까지 자사에 유리하도록 마무리하고 계약을 신속하게 체결해야 합니다. 이러한 과정은 앞으로 공부할 내용의 전부라고 말씀드려도 될 정도로 중요한 프로세스입니다.

이제 이어지는 챕터에서 이러한 내용을 본격적으로 다뤄보도록 하겠습니다.

2
B2B 프로세스의 이해: 구매자(고객사) 관점

B2B 비즈니스를 처음 접하는 분들은 마케팅이나 세일즈를 할 때 어떤 고객사의 어떤 부서, 누구를 타겟으로 해서 언제, 어떻게 무엇을 제안하고 준비해야 할지 혼란스럽습니다. 프로세스는 크게 두 가지가 있습니다. 바로 구매자(고객사) 관점에서의 프로세스 그리고 판매자(공급사) 관점에서의 프로세스입니다. 우리가 본질적으로 익히고 잘 훈련해야 할 것은 당연히 판매자 관점의 프로세스입니다. 하지만 구매자 관점의 프로세스를 알게 되면, 어떤 지점에서 구매 니즈가 발생하고 어떤 포인트에서 고충이 생기는지, 어떤 욕구를 근본에 갖고 있는지 등을 알게 됩니다.

고객사의 문제 인식

B2B 고객이 제품이나 서비스를 구매하는 '이유'부터 시작을 해 보겠습니다. 회사가 사용하고 있는 기존 기계에 큰 문제는 없습니다. 하지만 담당자의 선호에 따라 예쁜 색깔이나 새로운 형태로 '교체 욕구'가 생겼다고 해서 기존 기계를 교체할 수 있을까요? 당연히 아닙니다. 구매 프로세스는 고객사 내부의 '문제'(Problem)을 인식하는 단계부터 시작됩니다.

공장에 필요한 기계를 한번 생각해보겠습니다. 일단 고객사 스스로 문제를 깨닫는 경우입니다. 자주 고장이 나거나 조작 편의성에 문제가 있어서 생산 현장에서 교체를 요구하거나 업계의 지인이나 협회, 전문 잡지, 전시회에서 개선된 기계 정보를 품질 부서에서 얻은 다음 교체를 고민할 수 있습니다. 그리고 제조사 영업 담당과의 미팅에서 기존 기계의 문제점을 인지할 수도 있습니다.

기존에 사용하던 제조 기계의 높은 유지 비용과 낮은 생산성은 자사의 경쟁력을 훼손시키는 '문제'이자 조직의 '고통'입니다. 교체 이유는 이럴 때 발생합니다.

필요성 인식, SPEC 결정

조직의 누군가가 문제를 인식하게 되면 미팅이나 보고 등의 여러 방법으로 누군가에게 어필할 것이고, 담당 부서는 현재 사용 중인 기계를 철저하게 평가하고 교체 필요 여부를 확인합니다. 유지 관리 비용, 생산 효율성, 캐파, TRM(Technical Roadmap) 등을 고려해서 교체 이유를 확인합니다. 이어서 가동 중지 시간, 에너지 절약, ESG 영향도 등의 지표와 교체 후보 기계의 가격, 설치 비용, 교육 비용, 인프라 교체 비용 등 전환 비용(Switching Cost)을 고려해서 예산을 책정합니다.

이처럼 조직 내부적으로 교체에 대한 필요성이 인식되고 이에 대한 컨센서스(Consensus, 합의)가 형성되면 기존 생산 시스템과의 호환성, 성능, 유지 관리 방법, 산업 표준, 규제 사항 등을 고려한 후 제품의 사양(SPEC, 스펙)을 결정합니다.

공급자 탐색(Initiation)

필요성을 인식하고 스펙까지 결정되었다면 해당 제품을 제작하고 공급할 수 있는 업체를 찾아야 합니다.

필자가 사회생활을 시작했던 20여 년 전과 비교하면 지금은 공급자 탐색 단계가 많이 달라졌습니다. 90년대 후반, 2000년대 초반에는 산업 전문지의 광고나 기사, 해당 산업 전시회에서 받은 명함, 팸플릿, 카탈로그, 선배로부터 입수한 업계 디렉터리에서 업체를 구했습니다. 그런데 2020년대 중반으로 넘어가는 요즘은 네이버, 구글 등에서 검색부터 합니다. 여러 언어로 검색한 후 해당 업체의 홈페이지를 방문해 주요 고객사를 확인하고, 작동 영상을 유튜브에서 보고, 고객 후기나 리뷰, 사용 설명서 등을 확인합니다. 그런데 이러한 탐색 작업에 너무 많은 시간과 노력이 들어갈 것 같으면 종합공급업체(Solution Provider)나 에이전트를 통해 컨설팅을 요청하기도 합니다.

이때 공급사 입장에서는 탐색을 시작하는 고객사의 담당자(Initiator)를 특정할 수 있다면, 이들을 대상으로 하는 새로운 마케팅 방법을 찾아낼 수도 있습니다.

RFP, RFQ 발행(발송)

RFP는 'Request For Proposal'의 줄임말로 '제안 요청서'입니다. 기업이나 기관이 특정 프로젝트나 제품/서비스가 필요할 때 "이러한 것들이 필요한데 이러이러하게 만들어주세요"라고 고객사가 작성하는 요청서입니다. 여기에는 사업 명, 사업 기간, 추정 금액, 사업 개요, 사업 배경, 기대 효과, 요구 사항 등이 포함됩니다. 일반적으로 IT 업계에서 RFP를 많이 사용합니다. RFP를 확인한 공급 업자가 "네, 내용을 잘 확인했습니다. 이러이러하게 만들어 드리겠습니다."라고 다시 답을 하는 것이 '제안서'입니다.

RFQ는 'Request For Quotation'의 줄임말로 '견적 요청서'입니다. 제조 업체에서 많이 사용합니다. IT 시스템이나 무형의 솔루션/프로그램보다 물리적 결과물이 분명하기 때문입니다. 그래서 바로 부품이나 설계 등이 포함된 '견적'을 받습니다 (물론 IT 서비스나 프로그램 개발 등에서도 비용, 시간, 인건비 추정 등을 위해 '견적'을 요청할 때도 있습니다). 견적 요청서에는 견적을 요청하는 회사의 소개, 견적 요청 배경, 세부 사양, 수량, 품질 기준, 제출 형식, 마감일, 연락처 등이 포함됩니다. RFQ의 핵심 사항은 '가격'입니다. "이러이러한 스펙의 제품이 몇 개 필요하니 당신들이 회의를 해보고 가능한 가격을 제안해줘!"의 의미를 담고 있습니다. 이를 받아 '제안'하는 공급사 입장에서는 세부적인 가격 정보, 배송 조건, 결제 조건 등을 제안서에 포함해야 합니다.

1차 공급자 선택

총 7개 업체에 보낸 요청서에 답(제안)을 보내온 업체가 5곳입니다. 이들의 제안서와 견적서를 검토한 후 각 공급 업체의 실적과 경험 등 레퍼런스를 확인합니다. 그리고 신용도와 평판 등을 조회한 후 재정 안정성과 품질 관리 시스템, ISO 표준 인증 여부, ESG 평가 결과 등도 확인합니다. (대기업은 공급망 관리 차원에서 공급사의 환경, 사회, 지배 구조 관련 성과를 평가하고 이를 문서화하기도 합니다. 점점 더 이러한 추세가 확장되고 있습니다.) 이후 더 필요한 사항이 있으면 메일이나 전화 등으로 추가 정보를 요청할 수 있고, 공식적인 RFI(Request For Information, 정보

요청서)를 보낼 수도 있습니다.

　1차 공급자를 선택하는 기준과 우선순위는 기업마다 그리고 프로젝트마다 다릅니다. 통상 품질, 실적, 가격, 신뢰성, 평판, 재정 안정성, 전문성, 기술 확장성, 캐파, 접근성, 대응 능력, 맞춤 가능 여부, 납기, 재고 관리, A/S, 혁신성 등을 기준으로 고객사의 사정에 따라 우선순위나 고려 사항 등이 바뀝니다. 그래서 공급사 입장에서는 제안서나 견적서를 보내기 전 고객사의 내부 사정에 대한 조사가 먼저 진행이 되어야 합니다. 그렇게 할 때 다른 경쟁사 대비 경쟁력 있는 제안서, 견적서를 제공할 수 있습니다.

테스트

1차 공급사(후보)가 결정되면 고객사 내부에서는 파일럿 테스트의 방법, 시기, 절차, 물량 등을 결정하고 품질, 수명, 신뢰성, 성능, 사양 준수 등을 정합니다. 이때 공급사가 생각하기에 고객사가 중요한 고객이라고 판단이 든다면 무상으로 샘플을 공급하겠지만, 그렇지 않다면 일정 정도의 비용(일반적으로 원가 수준)을 청구할 수도 있습니다. IT 솔루션이나 프로그램의 경우에는 사용 기간이나 기능이 제한된 제품을 테스트로 제공합니다.

　제품이 공급사로부터 고객사로 도착하게 되면 기준에 맞는지 검사를 하고 파일럿 테스트를 시작합니다. 조건을 바꿔가며 1, 2, 3차 테스트를 진행할 수도 있고, 후보 공급사 중 한 곳 정도만 선택해서 물량을 늘여 진행하는 양산 테스트를 해볼 수도 있습니다. 이 정도까지 오면 공급사 입장에서 정식 구매 계약까지 8부 능선은 넘었다고 생각해도 됩니다.

테스트를 하는 현장의 조건, 담당자 정보 등도 확인이 가능하면 공급사의 영업 담당자는 이를 잘 챙겨야 합니다. 그리고 테스트 과정에서 상당히 많은 변수가 발생하기도 하는 만큼 즉각적인 대응이 가능한 만반의 준비를 해야 합니다.

양산 공급

양산 테스트까지 마치게 되면 최종 결과를 검토합니다. 성능 리뷰(Performance Review)에서 문제가 없다고 판단이 되면 고객사는 공급사와 계약을 체결합니다. 이때 양측이 확인해야 하는 사항을 나열해보면 계약 일자, 계약 기간, 공급자 정보, 계약자 정보, 공급 제품 정보, 납기, 배송 일정, 배송 방법, 배송 주소, 재고 관리, 가격, 지불 조건, 세금, 관세, 기타 비용, 품질 기준, 검사 방법, 서비스 담당자, 불량시 처리 기준, 지적 재산권, 비밀유지, 주문 변경, 분쟁 해결, 해지 취소 관련 사항, 법 관련 사항, 서명, 기타 정보 자료 등입니다.

양산 공급이 결정되면 공급사는 담당자(AM: Account

Manager)를 배정해 정기적으로 제품 제작과 배송, 재고 상황을 확인하고 CRM 시스템에 히스토리를 작성하고, 고객 구매주기 와 퍼포먼스 현황을 끊임없이 업데이트합니다.

3
B2B 프로세스 이해:
공급자(제조사) 관점

공급자 관점의 프로세스는 이 책 내용의 전부라 할 만큼 B2B 마케팅을 이해하는 중요한 기준점입니다. 앞서 B2B 마케팅을 일반화하기가 어렵다고 말씀드렸습니다. 그나마 일반화해서 정리한 것이 바로 다음의 10단계 프로세스입니다. 독자분들이 이 책을 읽는/선택한 이유도 결국 B2B 마케팅이나 영업을 잘해서 고객사에게 많은 물량을 납품하기 위해서입니다. 즉 공급자(제조사) 관점에서 영업을 어떻게 시작하고 끝을 맺을지가 매우 중요합니다. 2부에서 본격적으로 10단계 B2B 마케팅 프로세스를 다루기 전에 간단히 각 단계의 정의만 살펴보고 넘어가도록 하겠습니다.

1단계. 고객 탐색(New Opportunity)

전시회 참가, 광고, 검색 등 다양한 방법으로 신규 고객을 찾아냅니다.

2단계. 고객 접촉(Initial Communication)

담당자의 연락처를 알아내서 미팅을 잡는 '콜드 콜'입니다.

3단계. 고객 니즈 확인(Fact Finding)

고객사의 Pain(고통) 포인트와 현황을 확인합니다.

4단계. 제품 개발(Develop Solution)

자사의 역량을 집중해서 대체품 혹은 서비스를 개발합니다.

5단계. 견적/가치 제안(Propose Solution)

견적, 납기, 가치 제안을 메일 혹은 미팅이나 발표회 등을 통해 제안합니다.

6단계. 고객사 피드백(Solution Evaluation)

제안한 솔루션에 대한 고객사의 피드백을 확인합니다.

7단계. 협상(Negotiation)

가격, 납기, 결제 조건 AS 여부 등 주요 사항을 모두 협상합니다.

8단계. 제품 테스트(Pilot Test)

1차, 2차, 3차 파일럿 테스트를 거치고, 양산 테스트를 하고, 최종 심사(Audit)를 받습니다.

9단계. 고객 주문(Purchasing Order)

구매 주문은 반습니다. PO(Purchasing Order)를 받으면 납기를 잘 지켜 납품을 끝냅니다.

10단계. 고객 관리(Account Management)

이후 경쟁사의 반격을 잘 물리치고, 만에 하나 일어날 수 있는 불량 등에 잘 대처합니다.

이상으로 B2B 영업 마케팅에 필요한 10단계 프로세스를 살펴보았습니다. 이어지는 2부에서는 본격적으로 각 단계별 내용과 필요 사항들, 공급사의 일원으로 어떤 준비를 해야 하는지 알아보겠습니다.

2부

B2B 프로세스

이책의 메인 내용에 해당하는 부분입니다. 앞서 우리는 구매자 입장에서 B2B 프로세스를 살펴보았습니다. 요약하자면, 구매자는(B2B 고객사) 자신들 문제 인식에서 출발해, 이후 필요한 물품의 사양을 결정하고 예산을 설정한 뒤, 공급자를 탐색하며 RFP나 RFQ를 통해 제안을 받습니다. 제안 사항을 검토해 후보를 정하고, 파일럿 테스트를 진행하고, 만족스러운 결과가 나오면 양산 테스트를 진행합니다. 테스트를 거치는 동안 계약에 대한 협상을 진행하고, 테스트 결과에 아무 문제가 없다면 최종 계약을 합니다.

공급자(B2B 제조사) 관점에서는 이러한 과정을 그냥 지켜만 봐서는 안 됩니다. 고객사의 문제를 탐색 발굴하고 적절한 솔루션을 제안하는 등 좀 더 능동적인 자세로 고객의 구매 과정에 참여해야 합니다. 이후 제품 납품을 성공적으로 끝내고 나서도 지속적인 관리를 통해서 계속적인 구매가 일어나도록 해야하고, 문제 발생 시 재빨리 처리하는 등의 사후 관리도 철저히 잘해야 합니다. 이제 본격적으로 공급자(제조사) 관점에서의 B2B 프로세스를 하나씩 확인해 보겠습니다.

1단계.
고객 탐색

환경 분석

고객 탐색 단계에서는 거시 경제 상황, 고객사의 시장 지위, 이자 비용, 기술 변화 주기, 정치 환경과 규제 등을 파악합니다. 이러한 요소들은 고객사의 구매력과 의사결정에 직접적인 영향을 미칩니다.

1)거시 경제 상황

2019년 코로나19가 전 세계적으로 유행했습니다. 주요국 정부들은 팬데믹에 대응하고자 막대한 현금을 보조금으로 풀었습니다. 소비자 주머니에 현금은 많아졌지만 생산과 물류는 차질을 겪었습니다. 결국 수요와 공급의 불균형이 생기고 인플레이션이 일어났습니다. 중앙은행은 인플레이션을 잡기 위해 기준 금리를 올렸고 이는 다시 환율과 주식 시장에 영향을 주었습니다.

우리나라는 내수 중심의 B2C보다 수출 중심의 B2B 경제가 훨씬 크다고 말씀드렸습니다. 높아진 환율은 수출에 어떤 영향을 줄까요? 원화 약세는 수출품의 현지 판매가를 떨어뜨려 가격 경쟁력을 만들고 추가적인 매출을 얻도록 돕습니다. 하지만 높아진 환율만큼 원자재 가격을 상승시켜 수출 증대 효과를 상쇄시킵니다.

거시경제 상황을 분석하고 면밀히 파악해야 하는 이유는 고객사의 재정 상태와 시장 상황에 따라 그들의 구매력과 투자 의지가 달라지기 때문입니다. 주요 경제 환경 이슈는 기업의 비용 부담, 수익성 그리고 전략적 의사결정에 큰 영향을 미칩니다. 어떤 고객이 현재 투자 여력이 있고 구매 가능성이 높은지를 잘 선별해서 접근할 수 있어야 합니다.

2)고객사의 시장 지위

'팬택'이라는 휴대폰 제조 업체를 기억하나요? 80년대 후반에 사용하던 무선전화기 제조사 '맥슨전자'의 영업 사원이던 박병엽씨가 90년대 초반 창업한 무선통신 장비 제조 업체입니다. 90년대 후반 모토로라와 제휴를 맺고 투자를 받은 다음

2000년대에 현대 큐리텔, SK 텔레텍을 인수하는 등 공격적인 행보를 했습니다. 팬택이 만든 자체 브랜드인 '스카이' 시리즈로도 유명했습니다. 한때 주요 휴대폰 제조사, 통신업체에 휴대폰과 스마트폰을 납품했고 자체 상표도 보유했습니다. 그런데 이 회사는 2017년 파산했습니다.

2001년 쌍용중공업의 CFO(재무회계 임원)이었던 강덕수씨는 2001년 STX그룹을 만들어 10년 만에 재계 서열 13위가 됩니다. 사업 확장을 B2B 가치 사슬에 따라 진행했습니다. 선박용 엔진 제조사였던 쌍용중공업은 인수하여 STX로 이름을 바꿔 출범시켰고, 이후 고객사였던 '대동조선'을 인수하고, 그 조선사의 고객사였던 벌크선 전문 '범양상선'을 인수했습니다. 그리고 확장의 정점은 중국 다롄(大連)에 건설했던 어마어마한 규모의 'STX조선'이었습니다. 그러나 2008년 금융위기를 거치며 2010년대 법정관리를 받더니 결국에는 계열사가 하나씩 분리 매각되었습니다.

만약 거래선을 다양화하지 않고 한두 개 고객사에 집중해서 B2B 사업을 운영했다면, 고객사의 시장 지위가 낮아지는 순간 사업의 존립 위기가 찾아옵니다. 이 같은 상황을 방지하기 위해서는 끊임없이 고객사의 내부 상황이나 산업 동향 등을 주시하며 다른 고객사와의 거래도 만들어 가야 합니다. 유통 방식을 다양화하고 새로운 시장도 개척하는 등 리스크를 계속해서

헤지(Hedge)해 나가는 것이 중요합니다.

3)금리 동향과 금융 비용(이자 비용)

두산그룹은 OB맥주와 코카콜라 등 B2C 중심의 사업 구조를 갖고 있다가 1991년 낙동강 페놀 유출 사태로 존립의 위기를 맞이한 이후 B2B 중심으로 사업 구조를 전환했습니다(낙동강 페놀 유출 사태란 구미 공업단지에 있던 두산 전자에서 페놀 오염수를 낙동강으로 흘려보낸 사건으로 이 사건 이후 수돗물 불신이 높아졌습니다. 결국 두산그룹의 자회사인 OB맥주가 시장 점유율을 잃어버리는 계기로까지 이어졌습니다.). 2007년에는 굴착기, 지게차, 압축기, 발전기 등으로 유명한 미국의 건설 기계 회사 '밥캣' 외 2개 사를 당시 한국 기업 역사상 최대 금액(5조 원)으로 인수했습니다. 당시 밥캣의 연 매출이 26억 달러, 영업 이익은 3.7억 달러 수준이었기 때문에 일견 타당한 액수였습니다. 하지만 문제는 '시기'였습니다.

2007년 말 5조 원대의 M&A를 완료하자마자 서브프라임 모기지 사태가 터지면서 '금융 위기'가 찾아왔습니다. 환율이 무섭게 치솟으며 인수 과정에서 빌린 총차입금의 규모가 인수하기 전 1.3조 원 대비 7조 원 규모로 다섯 배 넘게 불어났습니다. 이에 따른 이자 비용은 회사가 감당할 수준을 벗어나 버립니다. 인수 후 3년이 지난 2011년부터 미국의 건설 시장에 훈

풍이 불기 시작하면서 다시 살아나는가 했지만, 두산건설이 만든 아파트와 상업용 건물에 대규모 미분양 사태가 일어나면서 두산그룹에 위기가 찾아오고, 결국 2020년 밥캣과 시너지를 내던 인프라코어를 현대중공업에 매각합니다(2023년 'HD현대인프라코어'로 사명을 바꿨습니다).

최악의 시기에 빌린 엄청난 자금과 그에 따른 이자 비용으로 기업 존폐까지 영향을 받은 대표적인 사례입니다. 높은 이자 비용은 순이익을 감소시키고, 신용 등급에 부정적인 영향을 미쳐 재무 건전성을 나쁘게 만듭니다. 결과석으로 연구 개발과 시장 확대, 투자에 사용할 자금을 부족하게 만듭니다. 이렇게 되면 해당 기업을 고객사로 둔 B2B 공급사에게도 영향을 주게 됩니다. 당연한 얘기지만 이런 기업과는 거래를 해서는 안 됩니다.

4)기술 변화 주기

2000년대 초반은 TV와 모니터의 형태가 크고 무거웠던 브라운관에서 얇고 가벼운 PDP, LCD로 빠르게 교체되던 시기였습니다. 2004년 당시 필자가 담당했던 일본의 초대형 유리 제조사 아사히글라스의 중국 상하이 공장은 CRT 브라운관용 유리를 생산해서 저가 TV, 모니터 생산 업체에 주로 납품했습니다. 당시 LCD로 빠르게 변하던 기술에 맞춰 아사히글라스는 구미에 공장을 새롭게 운영하면서 중국에 있던 브라운관용 유리의 생산은 줄이고 있었습니다. 필자는 산업용 공구를 납품하던 회사의 해외영업 담당이어서 중국 공장의 매출이 줄어드는 상황을 현장에서 직접 목격했습니다.

이외에도 우리 라이프 스타일을 바꿀 정도로 급격한 기술 변화가 일어났던 시기가 또 언제 있었을까요? 필자는 1997년, 2009년, 2023년이라고 생각합니다. 1997년은 인터넷이 대중화되던 시기였습니다. 전 세계 어디든 인터넷만 연결되면 소통이 가능했습니다. 2009년은 스마트 폰이 대중화되던 시기였습니다. 개인적으로는 취업을 하고 해외 주재원 생활을 마치고 이직을 하던 시기로 이때 이직한 회사에서 임원들에게 '삼성 옴니아' 폰을 지급하는 것을 보면서 처음으로 스마트폰을 접했습니다. 그러다 2010년 말 두 번째로 이직한 회사에서 아이폰 4를 받았습니다. 움직이는 인터넷! 진정한 모바일 시대가 도래되었음을 느꼈습니다. 그러고 13년이 지난 2023년 챗GPT를 접했을 때의 충격은 또 다른 성격의 것이었습니다. 엄청난 규모의 인공지능을 IT 전문가가 아닌 일반인들도 쉽게 사용할 수 있게 되었습니다.

급격한 기술 변화는 B2B 고객 탐색 과정에서 매우 중요한 요소입니다. 기술 변화 주기가 빨라지면 고객사의 전략과 요구 사항은 크게 달라지며, 이는 구매 결정에도 영향력을 미칩니다.

CRT에서 LCD로의 전환 그리고 스마트폰의 보급과 챗GPT 같은 혁신적 AI의 도입은 기존 기술을 재평가하고 새로운 기술을 도입하는 압박을 만듭니다. 이러한 변화를 이해해야 공급사는 고객사의 변화에 적절히 대응할 수 있습니다. 고객사의 요구를 선제적으로 인식하고, 적절한 시점에 최적의 솔루션을 제안한다면, 공급사로서 경쟁 우위를 확보할 수 있습니다.

5)정치 환경과 규제

기업이나 거래 기업이 속한 국가의 정치 환경의 변화는 금리, 환율, 관세, 무역 협성, 공급망 접근, 세율, 노동 징책, 지적재산권, 생산지 등 다양한 요소에 중대한 영향을 끼칩니다.

1948년 시작된 이승만 정부는 해외 원조와 정부의 지원으로 제분, 제당, 봉제, 방직 같은 경공업부터 발전시켰습니다. 이때 마산에서 정미소를 운영하며 사업을 시작한 삼성은 1950년대부터 삼성상회, 삼성물산, 제일제당, 제일모직을 설립하며 점차 대기업으로 성장했습니다. 군사쿠데타로 권력을 잡은 박정희 정부는 1970년대 중동 전쟁으로 인해 몇 번의 석유 파동을 겪습니다. 당시 석유 파동과 석유 무기화로 국제 유가의 급격한 상승은 중동의 건설 특수를 낳았습니다. 현대건설은 해외 토목, 건설을 중심으로 이때 성장한 기업입니다.

대기업들은 정부의 지원 아래에 중화학 공업과 전자산업으로도 활동의 영역을 확대했습니다. 전두환 정부에서는 중복 과잉투자 되었던 중화학공업들이 정부 주도하에 통폐합되며 구조 조정이 이루어졌습니다. 삼성, 현대, LG, 대우 그룹 등이 이 시기에 집중적으로 외형을 키우며 재벌로 성장했습니다. 특히 SK는 1980년 '대한석유공사(유공)'를 인수하며 중화학 공업에 뛰어들었고, 노태우 정부에서 1992년 제2 이동 통신 사업자로 선정되어 통신 산업에도 진출했습니다.

1992년 김영삼 정부에서는 금융&부동산 실명제와 함께 자본 시장을 개방했습니다. 이때 단기간에 대규모의 외국 자본이 들어왔다가 빠지는 과정에서 외환 위기가 왔고 한보, 삼미, 진로, 미도파, 해태, 한신공영, 기아, 쌍방울, 해태, 뉴코아, 한라, 대우, 청구, 나산 등의 대기업이 무너졌습니다. 김대중 정부에서는 외환위기를 극복하기 위해 IMF로부터 210억 달러의 구제금융을 받으면서 연 29.5%의 고금리, 전 산업계에 걸친 구조조정, 공기업의 민영화 등을 포함한 신자유주의 경제 정책을 울며 겨자 먹기 식으로 시행했습니다. 1998년 한국을 방문했던 일본의 소프트뱅크 손정의 회장은 김대중 대통령에게 IMF 위기를 극복할 조언으로 "첫째도 둘째도 셋째도 브로드밴드(광대역)"라는 유명한 답변을 남겼습니다. 김대중 정부의 IT 인프라 구축 및 벤처 기업 육성 정책은 다음, 네이버, 넥슨 등 다양한 정보통신 기업이 성장하는 계기를 만들었습니다.

노무현 정부에서는 미국, EU, 캐나다 등과 FTA를 적극 추진했으며 IT 산업이 한국의 중추, 선도 산업의 역할을 하도록 지원을 아끼지 않았습니다. 이명박 정부에서는 '4대강 정비 사업' 등 대규모 토목 사업 진행으로 건설 토목 기업이 성장했으며 정책적인 고환율 지원으로 수출 기업의 이익이 크게 증가했습니다. 특히 롯데는 제2롯데월드 사업 등 정부의 인허가가 필요한 숙원 사업에서 대부분 허가를 받아내며 수혜를 입었습니다. 박근혜 정부에서는 경제 성장률을 제고시키고자 경기 체감 효과가 높은 건설 경기 부양을 시도했으니 효과가 좋지는 않았고, 2%대 경제성장률과 3만 달러를 넘지 못한 1인당 국민소득, 국가와 가계부채 증가만 기록했습니다. 문재인 정부에서는 탈원전과 신재생에너지 육성을 정책적으로 지원했습니다. 이 시기 SK그룹, 현대산업개발, 셀트리온 등은 자산을 크게 늘리며 자신들의 위상을 키웠습니다.

　길게 살펴보았지만 정부 정책, 규제 변화, 무역 장벽 등 시시각각 변화하는 정치 환경은 B2B 고객사의 비즈니스에 큰 영향을 끼칩니다. 고객사에 부품, 소재, 장비, 서비스를 납품하는 공급사 입장에서는 이러한 거시 경제 흐름과 시장 변화를 잘 읽으며 고객사와 거래를 맺고 관계를 이어가야 합니다.

PEST 분석

거시환경분석에 많이 쓰이는 분석 도구가 있습니다. 바로 PEST 분석 툴입니다. 정치적 환경, 경제적 환경, 사회적 환경, 기술적 환경을 살펴보는 방법입니다. 앞서 했던 환경 분석을 좀 더 체계화한 것입니다.

P, 정치적인(Political) 요소는 타겟 국가의 정치, 정권, 정책, 법적인 요소와 여러 가지 지원 및 규제정책, 관세, 투자, 특허 정책 등이 포함됩니다. E, 경제적인(Economical) 요소는 타겟 국가의 경기, 성장률, 환율, 금리, 주가, 물가, 소비 수준 등이 포함됩니다. S, 사회적인(Social) 요소는 타겟 국가의 인구통계학적 환경 변화부터 시작해서 역사, 사회, 문화적 요소와 라이프 스타일, 세대교체, 소비문화 등이 포함됩니다. 마지막으로 T, 기술적인(Technological) 요소는 4차산업 혁명, 디지털 전환, 인공지능과 로봇, 스마트 팩토리 등의 요소가 포함됩니다. 이 외에도 최근에는 거시환경분석에 ESG(Environmental, Social, Governance) 요소가 더해지기 시작했습니다. 기존의 PEST 분석에서 ESG 요소까지 포함한 거시환경분석 도구가 PESTEL 분석 기법입니다.

산업과 적용 분야 확인

산업(Industry)과 적용 분야(Application)를 정확히 아는 것은 고객사의 특정 요구와 시장 트렌드를 파악하고 맞춤형 솔루션을 제공하기 위해 꼭 필요한 일입니다. 이를 통해 마케팅 전략과 세일즈 접근 방식을 최적화하고 효율적인 자원 배분과 경쟁 우위를 확보할 수 있습니다.

　이 책을 읽고 있는 여러분이 갑자기 사정이 생겨서 하던 지금 하던 일을 그만두고 보일러 회사에 영업사원으로 지원하게 되었다고 가정해보겠습니다. 면접 자리에서 면접관(사장)은 이렇게 질문합니다.

　"보일러를 가장 '빨리', '많이' 팔려면 어떻게 해야 하나요?"

　요즘 유행하는 스마트 스토어를 개설하고, 유튜브를 비롯해 SNS 및 바이럴 마케팅을 진행하고, 유명 연예인을 섭외해 CF를 찍고 소비자들을 유혹하겠다고 말하면 될까요? 실제 보일러는 누가 구매하나요? 아마도 보일러 교체를 고민하는 이들이겠죠? 이들 중 '빨리'와 '많이'를 보장해줄 수 있는 사람은 누굴까요? 한 개, 한 개가 아니라 한꺼번에 몇백 개, 몇천 개 단위로 보일러를 팔아 줄 수 있는 이들은 누굴까요? 결국 이렇게 생각하면 B2B 기업 고객입니다.

　B2B 마케팅은 두 가지만 떠올리면 됩니다. 첫 번째는 '산업'(Industry)입니다. 보일러가 어떤 산업 분야에서 필요로 하는 물건일까요? 이 부분만 명확히 할 수 있다면 판매 전략 수립은 쉬워집니다. 보일러는 '건설 산업'에서 가장 많이 필요로 합

니다. 그런데 제품마다 거래하는 산업이 다양한 곳이 많습니다. 예를 들어 비료라 하더라도 고객의 산업은 '농업'과 '조경'으로 구분될 수 있고, 이들이 원하는 가치는 각각 다릅니다.

고객사의 산업으로 구분했을 때 가장 복잡하고 가짓수가 많은 제품은 어떤 것일까요? 저의 영업 경험과 교육, 컨설팅 경험을 종합해서 생각해보면 이화다이아몬드공업, 신한다이아몬드공업, 대구텍, 한국야금, YG1 같은 공구 회사의 제품입니다. 이들 기업의 제품은 전 산업을 망라합니다. 그래서 대부분의 공구 제조사들은 산업별로 시장을 구분하기도 하지만 공구 종류에 따라 밀링(Milling), 터닝(Turning), 툴링(Tooling) 혹은 공구 재료에 따라 메탈(Metal), 레진(Resin), 비트리파이드(Vitrified) 등으로 시장을 구분합니다.

이제 두 번째 단계를 선정해야 합니다. 바로 '적용 분야'(Application)입니다. 보일러를 필요로 하는 건축물에는 어떤 것이 있을까요? 학교? 빌딩? 공장? 그런데 이런 공공장소로 쓰이는 빌딩은 대부분 중앙 공조 시스템을 갖고 있기 때문에 여러 대의 보일러를 필요로 하지 않습니다. 그러면 다수의 보일러가 필요한 건축물은 뭘까요? 바로 아파트입니다.

산업을 구분해서 우리 고객이 있는 산업이 어느 분야인지를 찾아보고, 그런 다음 적용 분야를 다시 구분해보면 영업해야 할 고객사가 보이기 시작합니다.

그런데 이런 것도 어렵고 복잡하다면, '제품'과 '브랜드'로 구분하기도 합니다. 사료 제조사의 목표 시장을 예로 들어보면 형태에 따라 곡물을 그대로 주는 '알곡 사료', 곡물을 갈아 만든 '가루 사료', 가루 사료를 고온고압에서 재가공한 '펠릿 사료', 펠릿 사료를 거칠게 분쇄 재가공한 '크럼블' 등이 있습니다. 반도체 중에서로 메모리 분야 반도체로 보게 되면 DRAM, SRAM, VRAM, ROM, Flash Memory로 구분할 수 있습니다.

B2B 시장을 이해할 때, 자신들이 만드는 '제품'과 '브랜드'를 중심으로 구분하는 접근 방식은 흔히 중소기업에서 사용됩니다. 고객사의 산업이 다양하여 깊게 이해하기 어려운 경우, 자신들의 생산 제품군이나 브랜드를 기준으로 시장을 정의하는 것이 일반적이죠. 어떤 회사가 특정한 모양의 사료 성형 기술에 강점을 갖고 있다면, 이를 필요로 하는 사료 제조사를 고객으로 만들 수 있겠죠. 직관적이고 쉬우니까요. 혹은 반도체 기술에서 특정 제품에 특화된 기술을 보유하고 있다면, 공급 사슬에서 해당 반도체를 생산하거나 취급, 유통, 사용하는 기업들이 주요 고객이 될 수 있습니다. 혹은 자신들이 만드는 제품 브랜드의 종류별로 시장을 구분할 수도 있습니다.

그러나 이러한 방식은 B2B 고객의 시장을 심층적으로 이해하는 데 한계를 가질 수밖에 없습니다. 브랜드나 제품 위주의 시장 구분은 단순하고 직관적이지만, 고객의 실제 산업 환경과 니즈를 파악하기 어렵게 만듭니다. B2B 시장에서는 단순히 '우리가 이런 제품을 만든다'는 식의 접근보다는 '고객이 그 산업에서 어떤 문제를 가지고 있으며, 이를 어떻게 해결할 수 있는가?'라는 관점에서 접근하는 것이 훨씬 더 효과적입니다. 결국 B2B 시장을 바라볼 때는 자신들의 제품이나 브랜드 중심의 구분을 넘어 고객의 산업 환경과 문제 그리고 가치 사슬 전체를 고려하는 것이 필요합니다.

다시 보일러로 돌아가 보겠습니다. '산업'과 '적용 분야'를 고려하여, '아파트'(건설업) 키워드를 찾아냈습니다. 그러면 다음 차례는 아파트를 건설하는 수십 개 회사 중, 어느 회사에 팔 것인지를 결정해야 합니다. 큰 회사일수록 보일러를 더 많이 사줄 수 있을 테니, 가장 큰 건설 회사부터 찾아가는 게 정상입니다. 조직도를 파악하고 구매 담당자가 누구인지를 찾아야 합니다.

여기까지가 고객 탐색입니다. 하지만 고객 탐색이 잘되었다고 바로 판매가 일어날까요? 여러분이 국내 1위의 건설회사 구매 담당자라면 시장에서 아무 검증도 안 된 회사의 보일러를 구매할까요? 쉽지 않겠죠. 그렇다면 열정과 신념을 가지고서 구매 담당자의 신뢰를 얻고자 어떤 노력을 해야 할까요? 그리고 무조건 노력을 다한다고 될까요?

자사 분석

공급사가 자신에 대한 분석을 철저히 해야 하는 이유는 강점과 약점을 명확히 파악함으로써 고객에게 적합한 솔루션을 효과적으로 제안하고 경쟁사 대비 차별화된 가치를 전달하기 위함입니다.

'산업'과 '적용 분야'를 결정하고, 우리 회사가 공략 가능한 고객사의 우선순위 리스트를 뽑았습니다. 이제 어떤 회사들을 공략해야 할지 결정해야 합니다. 리스트에 있는 모든 회사와 접촉해야 할까요? 시간과 자원이 풍족하다면 그럴 수도 있습니다. 하지만 시간과 노력에는 물리적 한계가 존재합니다. 접촉할 고객사를 선정할 때는 먼저 공급사인 자사에 대한 분석부터 해야 합니다.

고객사의 규모가 클수록 판매할 수 있는 보일러가 많겠지만, 아직 레퍼런스가 없는 상태라면 무턱대고 큰 회사를 찾아가서 영업을 한다고 해도 쉽사리 공급 계약을 따낼 수는 없습니다. 즉 규모와 레퍼런스를 먼저 고려해야 합니다. 경쟁사를 분석하고 벤치마킹해서 소규모의 건설 회사를 상대로 실적(레퍼런스)을 만들어 내고, 현금 흐름을 창출한 다음 시간을 가지고서 큰 고객사를 뚫는 게 순서입니다. 그리고 계약을 따냈다 하더라도 공급 물량을 소화할 수 있는지도 고려해야 합니다.

소크라테스가 이런 말을 했습니다. "너 자신을 알라." 많이 알고 있다고 생각하는 당신이 스스로에 대해서는 얼마나 잘 파악하고 있느냐는 물음입니다. B2B 시장 진입시 공급사에게도 꼭 필요한 말입니다. 주먹구구식으로 운영하던 공구 업체가 이제는 첨단 산업용 공구를 만들면서 과거와 같은 접대와 인간관계로 승부를 보려고 한다면? 기술 수준도 높고 규모의 경제도 달성하며 가격까지도 저렴한 외산 장비를 경쟁사로 상대하면서 R&D 투자를 하지 않는다면? 부품, 소재로 사용되던 제품을 공구로 판매하면 가격을 올릴 수 있다는 사실에 매료되어 전혀 경험이 없던 시장에 진출하여 많은 비용과 인력을 낭비한다면?(타이어 내부에 들어가는 보강재(철사)를 만들던 효성이 같은 제품을 갖고서 반도체와 태양광 산업에 진출했다가 계속해서 끊어지는 문제를 해결하지 못해 큰 어려움을 겪었던 사례가 있습니다.) 결국 이런 변수들은 결국 회사의 경쟁력은 크게 훼손시킵니다. 그래서 우리는 스스로의 수준과 위치를 잘 알고 있어야 합니다.

앞서도 잠깐 밝힌것처럼 필자는 2005년 공구 회사를 다니며 아사히글라스를 고객사로 담당한 적이 있습니다. 당시 아사히글라스의 고객사는 CRT 브라운관용 유리 튜브를 만드는 회사였습니다. 접합 단면 가공용으로 고가의 다이아몬드 공구를 사용했고, 사용 규모는 매월 수억 원 상당이었습니다. 그러다 2003년부터 한국의 LG와 삼성이 공격적으로 LCD TV, 모니터를 만들어내면서 디스플레이 시장이 급격히 변화되기 시작했습니다. 하지만 아사히는 물론이고 아사히 고객사들의 변화 속도는 더뎠습니다. 결국 그 많던 공급 물량이 몇 달 만에 순식간에 사라져버리는 경험을 했습니다. 자신이 만들던 제품의 사용 흐름을 재빨리 파악하지 못해 일어난 일입니다. 즉 외부 환경 변화와 함께 자사 분석 등이 충분하지 못했기 때문입니다 (아사히 글라스는 물론이고, 아사히에 공구를 납품했던 저희에게도 동일하게 적용되는 말입니다).

4년 뒤 필자는 PCB(인쇄 회로 기판) 제조 업체로 이직했습니다. 그런데 마찬가지로 고객사였던 누키아가 아이폰의 등장으로 스마트폰 트렌드를 따라잡지 못하고 밀리기 시작했습니다. 이번에도 PCB 공급 물량이 순식간에 사라져가는 것을 목도했습니다.

STP 분석

고객 탐색 단계에서는 B2C 마케팅에서 일반적으로 많이 사용하는 STP(세분화, 타겟팅, 포지셔닝) 분석도 B2B 고객을 상대로 해볼 수 있습니다. 효율적이고 집중적인 마케팅 전략을 세우는데 도움을 줍니다.

STP에 대해서 들어보셨습니까? STP 전략이란 시장 세분화 (Segmentation)와 타겟팅(Targeting), 포지셔닝(Positioning)을 말합니다. 마케팅에 대해 공부를 좀 했던 독자라면, 고객사 선정에도 STP 전략이 중요하다는 생각을 해봤을 것입니다.

간혹 "저의 고객은 모든 사람입니다. 모든 시장, 모든 사람에게 통하는 제품을 만드는 것이 꿈입니다."라고 말씀하시는 분들이 있습니다. 정말 말 그대로 '꿈'입니다.

창업 준비를 하거나 이제 막 창업 한 스타트업 대표를 대상으로 하는 마케팅 교육과 멘토링에서 필자가 하는 첫 질문은 "고객은 누구입니까?"입니다. 그 답이 '모든 사람'일 정도로 광범위하게 잡아서는 아무것도 하지 못하게 됩니다. 판매하고자 하는 무언가가 있다면, 그것을 누구에게 팔 것인지를 STP 전략에 따라 아주 구체화하는 것이 중요합니다. 그래야 시간과 비용을 아낄 수 있습니다.

STP 전략의 필요성과 관련해서 재미있는 사례가 있습니다. 바로 '차이나 신드롬'(China Syndrome)입니다. 간혹 중국을 잘 모르는 한국인들이 술자리에서 "중국 인구가 15억이니까, 100원짜리 물건을 하나씩만 팔아도 1,500억 원을 벌 수 있겠다"같은 이야기를 합니다. 근데 중국인들은 이를 듣고 코웃음을 칩니다. 민족도 다르고, 사람도 다르고, 역사도, 성향도, 심지어 언어도 달라 CCTV(중국중앙텔레비전)에 자막이 필요한 나라가 바로 중국입니다. 따라서 중국인 모두에게 동일한 물건을 팔아 한 번에 대박을 내겠다는 생각은 초기 전략으로서 잘못된 것입니다. 이처럼 STP 분석을 디테일하게 하지 않으면 엄청난 실수를 저지를 수 있다는 뜻입니다.

B2C에서의 세분화 방법은 성별, 연령, 소득 수준, 교육 수준 등 인구통계학적 세분화 방법, 지리적 특성으로 구분하는 방법, 라이프 스타일로 구분하는 방법 등 다양한 기준을 갖고 있습니다. 예를 들어 '색조 화장품'이라는 제품의 소비자를 성별과 연령과 지역으로 세분화해서 '대전의 여자 중학생'이라는 시장을 타겟팅한다면, 이들의 구매력을 조사하고 가장 중요하게 생각하는 가치(예: 발색)를 찾아낸 후 가장 잘 접근할 수 있는 채널(예: 틱톡, 인스타, 유튜브 등)에 적당한 형태로(예: 짧은 영상) 리소스를 투입하고, 가격(예: 8,900원)을 설정해야 합니다. 그런데 같은 색조 화장품이더라도 1년에 한 번 40대 후반의 아버지가 중학생 딸에게 사주는 선물이라면 접근 방식이 완전히 달라집니다. 가장 중요하게 생각하는 가치(예: 안전성)를 찾아낸 후 그들에게 가장 잘 접근할 수 있는 채널(예: 유튜브, 페이스북 등)을 찾아 적당한 형태로(예: 5분 영상, 권위 있는 국립대학 병원 피부과 의사의 설명) 리소스를 투입하고 가격(예: 89,000원)을 설정해야합니다.

B2B에서의 세분화 방법은 어떻게 될까요? 가장 먼저 시장 분석부터 해야 합니다. 예를 들어 특정 산업용 장비 부품을 개발하는데 100억 원이 들어갔는데 막상 그 시장의 전체 크기는 연간 50억 원 수준이라면 타겟팅이 잘못된 것입니다. 이는 마

케팅 기획팀의 책임입니다. 고객이 제품을 구매하는 이유에 대해서도 알아야 합니다. 비용 절감 때문인지, 생산 효율화 때문인지, 빠른 납기 때문인지, 신제품 개발 때문인지 알아야 합니다.

시장 분석이 끝나게 되면 주요 타겟 '고객'이 더 명확히 드러납니다. 이때 우선순위를 결정해주는 것이 CEO입니다. 비용과 노력 그리고 시간은 많이 들지만 보상이 큰 주요 고객사부터 뚫어야 할지, 쉽게 개척할 수 있는 소규모 고객들부터 뚫어야 할지를 CEO가 결정합니다. 당연히 공급사의 능력에 부합되는 고객사를 선택해야 합니다.

B2B 시장 크기 분석

타겟 시장의 크기를 아는 것은 현실적인 접근 가능성을 평가하기 위해 중요합니다. 이를 통해 자원을 효과적으로 할당하고, 비즈니스 전략을 세워 수익성 높은 시장에 집중할 수 있습니다.

목표하는 B2B 시장 크기를 분석하는 방법은 TAM-SAM-SOM이 유효합니다.

TAM(Total Addressable Market)은 '전체 시장'입니다. 상품 또는 서비스가 시장을 100% 점유할 경우 얻을 수 있는 총 시장의 규모(크기)입니다. B2B 시장에서는 앞서 소개한 여러 고객 탐색 방법을 통해 우리의 고객이 되어줄 고객사 리스트를 확보할 수 있습니다. 이뿐만이 아닙니다. 고객사의 공장 정보, 라인, 장비 대수까지도 파악할 수 있습니다. 예를 들어 대만의 반도체 회사에 특정 장비용 부품을 공급하는 계획을 세운다고 해보겠습니다. 그러면 고객사 공장의 라인 수, 장비 종류와 대수까지 확인해서 시장 사이즈를 잡습니다. 그런데 잠깐! 영업 담당자는 어떻게 고객사의 세세한 정보까지 알 수 있을까요? 이렇게 묻는다면 시장 개척 의도가 없다는 뜻의 반증입니다. 즉 어떻게든 알아내야 하는 게 담당자의 일입니다.

SAM(Service Available Market)은 '유효 시장'입니다. 공략할 수 있는 실질적인 시장의 크기를 의미합니다. 대만 반도체 제조사의 장비를 확인했더니 미국 장비, 독일 장비, 일본 장비가 섞여 있고 우리가 공급할 수 있는 부품은 미국 장비에 해당되는 것 뿐입니다. 미국 장비의 점유율은 50%입니다. 그러면 미국 장비의 가동 조건에 맞춰 계산한 수요가 실질적으로 확보할 수 있는 유효 시장인 셈입니다.

SOM(Service Obtainable Market)은 '생존 시장'입니다. 미국 장비를 사용하는 대만 반도체 회사 중 몇 %를 초기에 점유할 수 있느냐입니다. 반도체 메모리 제조사부터 뚫어낼지, 파운드리 업체부터 뚫어낼지 등의 우선순위를 결정합니다. 자사의 기술 수준, 생산 가능량, 서비스 대응 능력까지 고려하는 결정이어야 합니다. 메모리 제조사부터 뚫는다고 결정했으면 그 시장이 연간 얼마인지, 점유할 수 있는 시장 규모가 얼마인지를 확인합니다. 그러면서 대만 반도체 회사에 미국 장비용 부품을 공급하는 것이 옳은 것인지, 대만 현지 업체와의 경쟁에서는 이길 수 있는지 등을 디테일하게 확인합니다.

B2B마케팅은 선택과 집중의 연속입니다. 잘못된 선택은 쉽게 위기로 연결될 수 있습니다. TAM, SAM, SOM은 특정 시장에서 얼마나 많은 수익을 창출할 수 있는지 확인하는 역할을 합니다. 실행 가능한 목표를 설정하고 주요 의사 결정을 내리는 데 사용됩니다.

M/S(시장 점유율), SOW(고객사 내부 점유율)

M/S(시장 점유율)와 SOW(고객사 내부 점유율)를 알아야 하는 이유는 자사와 경쟁사의 현황을 파악하고 평가할 수 있기 때문입니다. 이를 통해 고객에게 어떻게 제안하는 것이 더 나은지 판단할 수 있습니다.

'M/S', '엠에스', 'Market Share', '마켓쉐어', '시장 점유율'이라는 단어는 영업을 하는 분들이라면 자주 들었던 말입니다. 시장에서 자사의 제품이 어느 정도 비율을 차지하고 있느냐를 보여주는 숫자입니다.

시장 점유율이 높으면 어떤 '장점'이 있을까요? 납품 물량 확보가 많은 만큼 당연히 경쟁사보다 저렴한 가격으로 원부자재를 구할 수 있습니다. 제품 한 개당 판매 관리비 또한 경쟁사보다 낮아집니다. 장기적으로 '규모의 경제'로 자금의 힘을 가지고서 시장에서 지배적인 위치에 설 수 있습니다.

시장 점유율을 높이는 가장 좋은 방법은 '가격 (할인)경쟁'이며, 이는 전형적인 '죄수의 딜레마' 사례입니다. 한쪽에서 가격 할인에 돌입하면 벼랑 끝에서 한쪽이 파산할 때까지 '치킨 게임'에 돌입하는 것입니다. 압도적인 승자가 없다면 시장의 모든 공급 업자에게 돌이킬 수 없는 막대한 피해로 돌아갑니다.

자동차 유리 제조 업체인 가상의 K사 입장에서 생각해보겠습니다. 전체 매출은 5천억 원이고 그중 중국 시상 매출액이 2천억 원 정도입니다. 시장 점유율을 추정하기 위해서는 중국 자동차 유리 시장의 규모부터 알아야 합니다. 여러 경로로 파악해본 결과 8조 원이라는 숫자가 나왔습니다. 그러면 K사의 중국 시장 점유율(M/S)은 2/80 = 2.5% 입니다.

중국 최대의 자동차 제조사인 SAIC Motors 예를 들어보겠습니다. SAIC에서는 자동차 유리 공급사로 총 6곳과 거래를 하고 있습니다. Fuyao Glass는 35%, Xinyi Glass는 25%, China Glass Holdings는 15%, Shenzhen Benxun은 10%, Guangzhou Guanggao는 8%, K사는 7% 입니다(이는 필자의 가정이며 실제 데이터가 아닙니다). 정리하면 K사의 MS는 중국 시장에서 2.4%이며 K사의 SAIC에서의 SOW는 7%입니다.

그런데 여기서 입장을 전환해서, K사의 영업팀 소속이 아니라 SAIC Motors의 구매팀 팀장이고 자동차 유리 구매를 책임지고 있다고 해보겠습니다. 몇 개의 공급사로부터 유리를 공급받는 것이 가장 효율적일까요?

공급사가 한 곳이라면 여러 가지 위험 요소가 상존합니다. 공급사 생산 라인에 불이라도 나거나 파업이라도 발생하게 된다면 자동차 제조사는 큰 손해를 입게 됩니다. 실제 2023년 3월, 한국타이어 공장 화재로 현대기아자동차 생산에 차질을 빚은 적이 있습니다. 당시 한국타이어 대신 금호타이어와 넥센타이어로 OE(Original Equipment) 타이어가 교체되는 차종이 증가했습니다. 이러한 교체는 공급사 입장에서 장기적으로 M/S에 영향을 미치게 됩니다. 그리고 고객사 입장에서는 공급하는 업체가 한 곳뿐이라면 그 한 개 업체에 종속되고 품질 문제에 대한 대응력도 취약해지며 비용 절감과 신제품 개발에도 경쟁력이 낮아집니다.

공급사가 두 곳이라면 어떨까요? 경쟁이 생기고 그 경쟁을 격화시키면 고객사 입장에서는 더 좋은 가격에 공급받을 수 있습니다. 그러나 두 개뿐인 공급사는 '담합'(談合)의 유혹에 빠지기 쉽습니다. 최소 주문량과 가격을 담합해버리면 고객사 입장에서는 대응이 상당히 힘들어집니다. 공급 업체가 세 곳 이상이 되면 담합의 가능성은 줄어듭니다. 경쟁을 시키기도 상대적으로 쉽습니다. 담합을 한다 하더라도 배신자가 나올 확률도 높아집니다. 실제 2012년 농심, 오뚜기, 한국야쿠르트는 9년간 라면 값을 담합한 혐의로 각각 1,080억 원, 98억 원, 62억 원의 과징금을 부과받았습니다. 삼양식품은 자신 신고를 해서 120억 원의 과징금을 면제받았습니다. 플레이어가 많으면 배신을 이끌어내기가 쉽습니다.

공급사가 열 곳 정도가 되면 어떻게 될까요? 열 개 업체를 관리하는 담당자라면 매일 일찍 출근해서 밤늦게까지 공급사 평가, 구매 계획 수립, 가격 협상, 계약 관리 등 이만저만 챙겨야 할 게 한두 개가 아닐 것입니다. 관리에 들어가는 노력과 시간이 늘어난 만큼 이익도 그만큼 줄지 않았을까요?

그러면 가장 베스트인 공급사의 개수는 어떻게 될까요? 베스트는 세 곳입니다. 그리고 세 곳의 시장 점유율은 각각 어느 정도가 적당할까요? 가장 이상적인 비율은 7:2:1 입니다. 70% 정도의 비율 가진 공급사가 있게 되면, 매우 경쟁력 있는 가격으로 제품을 공급할 수 있습니다. 왜냐하면, 10-20%로 떨어질 수 있다는 두려움도 있고, 어느 정도 경쟁 구도가 잘 잡히기 때문입니다. 그리고 20%, 10%에 해당하는 나머지 공급사들에게는 점유율 공략의 목표가 생깁니다.

B2B 영업에서 고객사 내부 점유율은 전략과 전술 수립에 굉장히 중요한 척도입니다. 자사 제품을 많이 사용해 점유율

이 높은 고객사에는 추가 서비스를 제공해 경쟁사인 제2, 제3의 공급사가 넘볼 수 없도록 진입 장벽을 더 높여야 합니다. 반대로 낮다면 보다 공격적인 영업으로 경쟁사의 SOW를 자사의 것으로 만들어야 합니다. 따라서 독자께서 자동차 유리 제조사 K사 영업 본부장이고, 중국 시장에서 M/S를 늘려가기 위해서라면 주요 고객사의 시장 점유율을 최소 월 단위로 확인하고(가능하다면 주 단위로까지) 실시간으로도 볼 수 있게끔 디지털 대시 보드도 걸어두어야 합니다.

고객사 내부 점유율은 고정된 것이 아닙니다. 살아있는 생물처럼 계속 변합니다. 갑자기 고객사에 같은 물품을 공급하는 경쟁사의 점유율이 급격히 빠지는 것이 확인된다면 빠르게 움직여야 합니다. 경쟁사 공장에 불이 났거나, 파업이 일어났거나, 품질 문제, 납기 문제가 터졌다는 증거이기 때문입니다. 이것이 바로 '탄광의 카나리아'입니다. 경쟁사의 약점을 알려주고 우리에겐 기회를 알려주는 카나리아의 지저귐입니다. 이때가 돌격의 타이밍입니다.

B2B 마케팅에서의 광고

B2B 마케팅에서도 광고가 필요한 이유는 갑자기 B2C로 방향이 전환될 수도 있고, 온라인 정보 탐색과 디지털 채널 활용이 익숙한 환경이 되면서 디지털 광고로 '젊은' 고객사 담당자의 관심을 끌고 소통하는 것이 점

차 중요해지기 때문입니다.

3C와 STP 전략을 통해서 타겟 고객을 구분하고 우리가 들어갈 시장을 확인했습니다. 그다음은 무엇을 해야 할까요? 타겟을 향해 광고같은 걸 하는 게 도움이 될까요? 이 질문은 "B2B 마케팅에서 광고가 필요할까요?"로 연결이 됩니다.

대한민국의 대표적인 B2B 기업들인 대림, 효성, 일진, 현대중공업, 삼성중공업, LG이노텍, 삼성전기, LS산전 등 이곳들의 광고를 보신 적이 있나요? 아주 특수한 경우(기업 광고나 PR)를 제외하고는 없습니다. 그런데 무언가 이상합니다. 보일러는 분명 B2B 의존도가 높은 산업인데, 우리는 보일러 광고를 꽤 많이 봤다고 기억합니다. 이는 산업도, 시장도, 트렌드도 빠르게 변하고 있기 때문입니다. 보일러 시장은 80-90년대까지만 해도 광고가 필요 없었습니다. 왜냐면, 아파트 건설사에서 몇천 개 단위로 구매했습니다. 하지만 시간이 흐르면서 보일러는 노후화됐고 교체가 건설사만의 책임이 아닌 게 됐습니다. 개인이 구매하는 것이 되었고, 개인에게 어필하기 위해서는 B2C 방식의 마케팅도 필요해졌습니다.

산업을 바꿔서 타이어를 예로 들어보겠습니다. 자동차 타이어에는 두 개의 시장이 존재합니다. 새 차를 구매할 때, 기본적으로 장착되어 나오는 OE 타이어가 있습니다. 타이어 회사가

B2B 마케팅을 통해 자동차 제조사에 납품 판매한 것입니다. 그런데 타이어는 소모품이기에 수명을 다하면 교체해야 합니다. 그때부터는 개인이 직접 구매하는 것이 됩니다. 즉, B2C 마케팅 영역에 해당합니다.

이처럼 제품에 따라서는 B2B, B2C 시장 모두에 걸쳐져 있는 것도 있습니다. 그래서 광고 같은 직접적인 마케팅 활동에 대해서도 관심을 놓치고 있어선 안 됩니다.

B2B 마케팅(영업) 담당자는 '의사'

마치 환자가 의사를 돌보듯 고객의 고통을 알아야 하는 이유는 그들의 문제와 니즈를 정확히 파악함으로써 맞춤형 솔루션을 제안할 수 있기 때문입니다. 이를 통해 고객에게 진정한 가치를 제공하고 신뢰를 구축할 수 있습니다.

일반인들이 생각하는 영업사원의 이미지는 화려한 언변, 말끔한 옷차림, 술 잘 마시고, 접대도 잘하는 이미지입니다. 저도 영업 사원으로 사회생활을 시작할 때 제 머릿속 이미지 역시 그랬습니다.

하루는 해외 고객이 국내 방문을 했는데, 한국 여행 가이드를 요청했습니다. 그런데 그분들은 최종 고객사 직원이 아닌 중간 대리점, 유통사 분들이었습니다. 지금 생각해보면 '굉장히' 무례한 요구였습니다. 물건을 구매한다고 해서 무조건 다 '갑'은 아닙니다. 규모가 작은 대리점은 제조 업체입장에서는 '을'일 뿐입니다. 당시, 영업 팀장은 아무것도 모르던 필자에게 주말 여행가이드를 지시했고, 저는 기분 좋게 가이드를 한 후 밤에는 고급 술집에 가기도 했습니다. 결제는 제 개인카드로 했고요. 그런 다음, 월요일 아침에 당당하게 영수증을 제출했는데 난리가 났습니다. 접대 필요성이 없는 작은 규모의 대리점에까지 회사가 '모르는' 술집에서 더군다나 '개인' 카드로 긁고, 비용 청구를 한 상황이었습니다. 결국 영업팀장은 팀에 배정되어 있던 공통 예산으로 처리해줬습니다(지금 다시 생각해도 쥐구멍에 숨고 싶을 정도로 부끄러운 얘기네요).

이제는 이런 관행이 옛날이야기입니다. 요즘은 B2B 영업사원에게 필요한 것이 가이드 능력도 아니고, 술 접대 능력도 아닙니다. 자사 제품에 대한 완벽한 이해와 전문 지식입니다. 그래서 전자공학, 전기, 기계, 화학 등 공대 출신의 기술 영업 담당자를 많이 채용하는 분위기입니다. 한마디로 똑똑해야 영업도 잘할 수 있는 시대가 되었습니다.

몇 년 전 전경련(한경협)에서 여러 중소기업 사장님들을 모시고 B2B 마케팅 특강을 할 때 가장 원하는 영업 사원이 어떤 사람인지를 여쭤봤습니다. 사장님들은 새로운 기회(Opportunity)를 찾는 영업 사원이라고 했습니다. '똑똑하고 우직한' 사람이 끊임없이 문을 두드려 새로운 대형 고객사를 뚫어낸다고, 그런 사람이 좋다고 하셨습니다. 현란한 말솜씨로 고객의 욕망을 자극해서 필요하지도 않은 제품을 사게끔 하는 '사기꾼'같은 사람이 아니고 말입니다.

자동차 회사에 검사 장비를 판매한다고 했을 때, 사용자(장비를 사용하는 직원)의 고통은 조작의 불편함과 무거운 중량입니다. 이 사실을 빠르게 알아낸 후 조작이 편리하고 가벼운 제품을 제안하고, 구매팀에게는 기존 장비보다 비싼 가격이지만 유지 비용이 훨씬 저렴하다는 제안을 해야 합니다. 그리고 이러한 거래의 시작이 되는 구매 담당자에게 카톡도 보내고, 전화도 하고, 이메일도 보내는 등 계속해서 관계 유지를 이어가야 합니다. 만약 담당자가 팩스나 이메일 소통을 불편해한다면 카톡으로도 모든 서류가 오갈 수 있도록 처리해줘야 합니다. 그리고 결정권자인 고객사 임원이나 사장에게는 새로운 제품의 구비로 인건비가 줄어들 수 있으며 현 생산 시스템과의 호환에도 문제가 없음을 알려야 합니다. 이 모두 친절하게 환자를 돌보는 개업의의 마인드와 자세로 진행해야 합니다.

2단계.
고객 접촉

바잉센터(Buying center)

바잉센터는 기업 곳곳에 위치한 구매 관련 담당자를 뜻합니다. 앞서도 얘기한 것처럼 B2B 구매 의사결정에는 수많은 사람이 참여합니다. 각자 자신의 역할과 이해관계를 갖고서 의견을 냅니다. 이들을 이해하면, 각각의 의사결정에 미치는 영향력과 힘을 파악할 수 있어 보다 효과적인 세일즈 전략 수립이 가능합니다. 바잉센터를 구매팀으로 오해할 수도 있지만 구매팀은 바잉센터의 하나일 뿐입니다.

B2B 마케팅의 대상이 되는 바잉센터에 대해서 본격적으로 말씀을 드리겠습니다. 바잉센터는 적게는 4개에서 6개, 많게는

8개까지 분류되기도 합니다.

우선 첫 번째로 이니시에이터(Initiator)부터 보겠습니다. 전시회에 참석하여 공급사의 전시회 부스에 찾아온 고객사의 영업 사원이나 직원이 여기에 해당합니다. 혹은 고객사 임원과 골프를 치면서 기회를 노린다면 그가 이니시에이터가 될 수 있습니다. '정보 제공자'이면서 '컨택 포인트'입니다. 유튜브와 링크드인으로 검색해서 들어온다면 오더를 받아 검색하는 담당 대리가 정보 제공자가 될 수 있습니다.

두 번째는 바이어(Buyer)입니다. 바이어는 B2B 구매 프로세스에서 가장 많이 접하는 카운터 파트(Counter Part)입니다. 구매부 임직원이 대표적입니다. 이들로부터 채택(결정)을 받으려면 좋은 가격, 빠른 납기, 좋은 계약 조건 등이 중요합니다. 구매하는 제품이나 서비스에 따라서 교육팀, 인사팀, 총무팀이 바이어의 역할을 하기도 합니다.

세 번째는 사용자(User)입니다. 공급사가 고객사로 제품이나 서비스를 제공했을 때, 실제로 그 제품이나 서비스를 직접 사용하는 사람입니다. 생산 현장의 엔지니어가 될 수 있고 혹은 계약직 직원이 될 수도 있습니다. 이들에게는 사용 편의성과 생산성 같은 가치가 중요합니다.

네 번째는 게이트 키퍼(Gate keeper)입니다. 말 그대로 문지기를 말합니다. 구매나 생산 담당자가 될 가능성이 높습니다.

구매팀의 담당 과장이나 대리가 PO(주문서)를 발행해줘야 하는데 의도적이든 그렇지 않든 계속해서 방해한다면 이것 역시 문지기 역할을 하는 것입니다. 문지기를 해결해야 실제 계약 같은 의사결정이 가능합니다. 그래서 게이트 키퍼를 찾아내는 것은 B2B 마케팅에서 굉장히 중요합니다.

다섯 번째는 인플루언서(Influencer)입니다. 즉 영향을 끼치는 사람입니다. 고객사의 품질 담당자가 될 수도 있고, 물류 담당자, 마케팅 담당자가 될 수도 있습니다. 품질에서는 여러 가지 서류 요청을 할 수 있고, 물류에서는 QR 코드라든가 박스 크기, 받침대 재질 같은 것에 대한 요청 사항이 있을 수 있습니다. 마케팅 과정에서 이들의 요구 사항을 잘 반영하는 것이 중요합니다.

마지막 여섯 번째는 바로 결정권자(Decider), 즉 가장 힘센 사람입니다. 예스 혹은 노로 결정할 수 있기 때문에 키맨이라고도 합니다.

B2B 마케팅에서 가장 중요한 것은 이런 바잉센터의 모든 파트너를 우리 편, 우리의 이너써클로 끌어들여야 한다는 것입니다.

구매 조직

고객사의 바잉센터에 대해서 알아보았습니다. B2B 영업을 시작하면 바잉센터의 모든 파트 담당자를 다 만날 수는 없습니다. 가장 먼저 만나야 할 카운터 파트너는 누구일까요? 그리고 납품하는 제품의 종류, 고객사의 규모에 따라 구매부서와 담당자는 어떻게 달라질까요?

예를 들어 보겠습니다. 사내 교육을 기획하고 외부로 강사를 초청하는 등의 일이 있다고 해보겠습니다. 이 일은 회사의 규모와 비즈니스 모델에 따라 담당자가 달라집니다. 규모가 큰 회사라면 '교육팀'이라 불리는 별도의 HRD(Human Resource Development: 인적자원개발) 부서가 존재합니다. 이곳에서는 신입 사원 교육, 직급별 교육, 직무 교육, 그 외 필요에 따른 단발성 교육과 워크샵 프로그램을 만들고 진행합니다. 이들은 회사가 추구하는 목표에 부합할 수 있도록 임직원의 역량을 키우는 일을 전담합니다. 규모가 작은 회사라면 '인사팀'이라 불리는 HRM(Human Resource Management: 인적자원관리) 부서에서 담당하기도 합니다. 더 작게는 총무(總務)팀에서 인사와 교육 업무까지 병행하는 경우도 있습니다. 담당자는 교육팀의 대리가 될 수도 있고 총무팀의 부장이 될 수도 있습니다. 그리고 중간에 교육 기획사(일종의 유통사 역할)가 있는 경우도 있습니다. B2B 공급사 입장에서는 이렇게 다양한 담당자 중 누가 나의 파트너이며 그가 어디 소속인지가 중요합니다. 왜냐면 부서나 담당자별로 업무 매너와 톤을 달리하기 때문입니다.

또 다른 예를 들어볼까요? 기아자동차 광주 공장에 생수를 납품하려면 어떻게 해야 할까요? 상상력을 동원해서 프로세스를 만들어보겠습니다. 직접 공급하려면 기아자동차의 구매 담당자를 찾아야하겠죠? 서울 양재동 본사의 구매팀에서 담당자를 찾아야 할까요? 아니면 광주 공장에서 담당 부서를 찾아야 할까요? 중간에 조달 대행업체가 따로 존재할 수도 있습니다. 때에 따라서는 시설 관리를 전담으로 하는 기아자동차의 담당 부서나 그 부서에 대행을 맡기는 협력 업체나 기아자동차 광주 공장의 노조가 될 수도 있습니다.

내가 누구를 가장 먼저 만나야 할지 파악하기 위해서는 직접 전화를 하거나 메일을 보내거나 혹은 소개를 받는 등의 방법을 활용해야 합니다. 양재동 본사 구매팀 담당자(추정되는)에게 끊임없이 메일만 보내서는 안 되고, 전화해서 미팅 약속을 잡아야 합니다. 기존에 납품받고 있는 생수의 품질과 가격 그리고 여러 이슈에 대한 정보를 사전에 파악해서 납품할 제품의 종류와 용량, 가격, 배송 주기, 결제 조건, 타 고객사로 납품한 이력 등이 포함된 사업 제안서를 준비해야 합니다. 미팅 자리에서는 담당자가 할 질문을 미리 시뮬레이션한 다음 적절한 답변도 준비해야 합니다. 동시에 고객사의 구매 프로세스가 어떻게 되는지도 확인해야 합니다. 그래야 입찰 혹은 납품할 제품의 테스트 기회를 얻을 수 있습니다.

산업과 규모에 따라 다르겠지만 고객사가 대형 제조 업체라면 납품받는 제품에 따라 구매 조직이 나뉘어져 있습니다. 이를 '구매 조직 분권화'(Decentralization)라고 합니다. 반면 중소형 제조 업체는 여러 제품에 대한 구매 업무를 하나의 조직이 전담합니다. 이를 '구매 조직 집중화'(Centralization)라고 합니다. 유통업으로 예를 들면 같은 브랜드로 운영하되 개별 점포가 발주, 조달, 포장 등의 업무를 담당하는 느슨한 프랜차이즈가 '구매 조직 분권화'입니다. 반면 프랜차이즈 본부 중심의 체인 오퍼레이션(Chain Operation)체계를 통해 일괄적으로 발주, 조달, 포장 등의 업무를 진행하게 되면 '구매 조직 집중화'입니다.

구매 조직이 분권화되어있을 때의 장점은 각 매장 주인이나 관리자가 담당하고 있는 지역(시장)의 특성과 고객 선호도를 고려해 자율적으로 납품받을 제품 구매 결정을 할 수 있다는 것입니다. 부산 지역의 매장이라면 현지 수산물 유통 업체와의 네트워크를 활용해 신선한 해산물을 직접 조달받을 수 있습니다. 고객의 반응이 좋으면 본부 승인 없이도 더 많은 제품을 주문하여 판매할 수 있습니다. 그러나 전략적이지 않은 매장별 구매는 대량 구매의 효율성을 따라갈 수 없어 더 비싸게 구매할 수밖에 없으며 본부 차원에서의 비용 관리나 고객 선호 파악도 어렵습니다. 그리고 타 매장으로의 우수 사례 공유도 쉽지 않습니다.

반대로 구매 조직이 집중화되어있을 때의 장점은 프랜차이즈 본부에서 표준화된 프로세스와 시스템을 갖고서 모든 절차를 관리하기 때문에 매장에서 따로 할 일이 없다는 것입니다. 그리고 모든 매장의 구매 물량을 통합해서 처리하기 때문에 규모의 경세를 이룰 수 있고 가격적으로도 유리한 조건을 얻을 수 있습니다. 공급가 할인은 물론이고, 구매 전문가 조직을 통한 효율적인 구매 관리가 가능합니다. 반면 매장별 특수 상황에 대처하는 유연성은 떨어지고 긴급한 발주가 필요할 때는 이를 빠르게 처리할 수 없다는 것이 단점입니다.

고객사 담당자

고객사 담당자와 좋은 관계를 유지하고 잘 지내는 것은 비즈니스 관계를 시작하여 거래를 성사시키고 유지 발전시키는 과정에서 필수적인 사항입니다. 이들의 권한과 책임, 소통방식, 의사결정 스타일 및 변화에 대한 태도는 비즈니스가 진행되는 속도와 흐름, 강도를 바꾸기에 충분합니다.

1)권한과 지위/직책

20여년 전 영업 경험이 짧았던 필자가 모 대기업을 대상으로 신규 영업을 시작할 때입니다. 3-4살 많았던 고객사의 구매팀 과장이 필자의 고등학교 선배라는 사실을 알게 되었습니다.

선배와 함께 식사와 술자리를 하며 친목을 다졌습니다. 선배는 "나만 믿어. 꼭 기회를 가지고 테스트를 성공적으로 진행하고 양산 라인에 공급할 수 있도록 도와줄게. 우리가 남이가?"라고 말했습니다. 결과는 어땠을까요? 많은 시간과 비용을 투자해 영업을 진행했지만, 해당 프로젝트는 결국 실패로 끝이 났습니다. 테스트 기회조차도 얻지 못했습니다. 알고 보니 과장이었던 선배는 결정 권한이 없었습니다.

고객사 담당자의 직책은 그들이 내릴 수 있는 결정의 종류와 범위를 결정합니다. 예를 들어 상위 관리자나 임원급은 계약 체결, 예산 승인, 전략적 파트너십 결정 등의 중대한 의사결정을 내릴 수 있지만, 하위 직급의 담당자는 일상적인 운영 결정이나 소량 구매 같은 것에만 권한을 가집니다. 그리고 직책이 높다고 해서 일사천리로 빠르게 결정할 수 있는 것도 아닙니다. 때로는 현장 담당자의 영향력이 더 강력할 수도 있습니다.

B2B 공급사의 영업 담당자는 이런 점들을 반드시 잘 고려해서 봐야 합니다. 눈에 보이는 권한과 지위/직책보다 더 큰 영향력을 발휘하는 담당자는 꼭 존재합니다. 그런 사람을 우군으로 삼는다면 결정은 좀 더 빨라집니다.

2)국적, 출신, 성별, 나이, 성향
2007년 TSMC 구매팀 임원과 미팅을 할 때 놀라운 발언을

들은 적이 있습니다. 그는 필자를 앞에 두고 "나는 한국을 싫어한다"라고 말했습니다. 처음에는 농담인 줄 알았는데 진심이었습니다. 1960년대 초반 출생이던 그는 당시 40대 후반이었는데, 1992년 우리나라가 대만과 단교하고 중국과 수교한 것을 생생하게 기억하고 있었습니다. 그러면서 한국에 대해서 꽤 섭섭한 감정을 가지고 있다고 했습니다.

당시 한국을 싫어한다는 말에 필자는 놀랐지만 다행이라는 생각도 했습니다. 아직 신출내기 영업자라 전면에 나서지 않고 오히려 후방 지원 역할을 담당하면 됐기 때문입니다. 그래서 회사와 TSMC 사이의 중간 내리섬 소속의 대만인 영업 담당자를 전면에 내세웠습니다. 한국의 지연, 학연, 혈연보다 더 강력한 중국의 '꽌씨'(關係)문화를 생각해보면 당연한 조처였습니다.

단편적인 예지만 국적과 출신 등은 분명히 고객사의 구매 결정에 영향을 미칩니다. 비즈니스 관행과 에티켓, 문화적 차이와 커뮤니케이션 스타일, 언어 장벽, 시장에 대한 이해도와 결정 스타일, 법과 규제에 대한 이해처럼 다양한 요소들이 고객사 담당자의 결정에 영향을 미칩니다. 담당자의 국적이나 출신, 성향 등이 어떠냐에 따라 누구를 영업 담당으로 배치할지 결정하는 것은 중요한 전략적 판단에 해당하는 사항입니다.

2010년 노르웨이의 대형 고객사 임원이 필자가 일하는 한국 본사로 방문한 적이 있습니다. 한국 공장의 공정 감사(Audit)

를 위해 온 것이었습니다. 당시 공장 위치가 울산이었기 때문에 한식을 중심으로 식사 대접과 간단한 술자리 등을 계획했습니다. 그런데 도착한 임원은 여성이었습니다. 이름만 보고 성별을 구분하기 힘들었고, 당연히 남성일 것이라는 가정하에 모든 계획을 준비했다가 깜짝 놀랐습니다. 부랴부랴 계획을 수정해 호텔방에는 꽃바구니와 웰컴 메시지를 넣은 카드를 가져다 두고, 저녁 식사 후 분위기 좋은 라이브 재즈 카페에서 칵테일을 마시며, 하루는 경주 관광을 하는 등 한국 문화를 체험할 기회를 제공했습니다. 그리고 출국일에는 가족에게 전달할 선물까지도 세심하게 준비했습니다. 경쟁적이고 직접적으로 소통하는 남성과 달리 여성은 협력적이고 포괄적으로 소통하는 커뮤니케이션 스타일, 비즈니스의 세부 사항에 더 주의를 기울이는 특징을 갖고 있습니다.

고객사 담당자 나이도 중요합니다. 나이에 따라 가장 크게 차이가 나는 것은 커뮤니케이션 방식입니다. 필자도 필자의 고객사인 기업의 교육 담당자 나이에 따라 커뮤니케이션 채널과 방식이 달라지는 것을 체감하고 있습니다. 나이에 따라 전화를 선호하는지 혹은 이메일을 선호하는지 채팅을 선호하는지 등이 다릅니다. 경력이 많은 담당자는 경험에 기반한 의사결정을 하면서 안정성을 추구하고 교육 주제도 기존의 검증된 것을 선호하지만, 젊은 담당자는 보다 새로운 주제를 선택하는 등 혁신적이고 때로는 리스크를 감수하는 경향을 보입니다. 나이가 적을수록 최신 시장 트렌드와 소비자 선호도에 민감합니다. 특히 담당자의 세대교체가 빠르게 일어나는 산업이라면 이런 환경에 맞춰 제안 준비를 잘해야 합니다.

영업을 할 때 고객사의 담당자를 만나기 전 그들의 MBTI를 알면 일마나 좋을까를 상상해본 적이 있습니다. 머리 위로 RPG 게임의 캐릭터처럼 생명력, 지력, 마법력 등 여러 가지 정보가 떠있으면 좋겠다는 생각을 해본 적도 있습니다. 고객의 커뮤니케이션 방식과 행동 양식을 기반으로 소셜 스다일(Social Style)을 추정해볼 수도 있습니다. 구체적이고 정확한 정보를 사용하여 명확하고 조직적으로 소통하는 분석형(Analytical), 직접적이고 핵심적인 정보를 제공하며 결정을 빠르게 하는 주도형(Driver), 열정적이고 강한 인간적 관계를 구축하는 표현형(Expressive), 따뜻하고 친근한 방식으로 소통하며 개인적인 관심과 배려를 보이는 우호형(Amiable)으로 구분할 수 있습니다. 성향 파악이 되면 이를 고려한 협상 전략의 수립이 가능합니다.

모험심이 있는 담당자는 새롭고 혁신적인 제품이나 서비스에 대해 더 개방적일 가능성이 높습니다. 반면 그렇지 않은 담당자는 전통적인 방법을 벗어난 새로운 해결책을 시도할 가능성이 낮습니다. 필자가 TSMC를 대상으로 대만 현지에서 영업할 때 구매 담당자는 비용 절감 금액의 1%를 보너스로 받는 보상 정책 때문에 굉장히 공격적인 모험을 시도했습니다. 그 결과 필자는 예상보다 쉽게 자사 제품을 TSMC에 납품할 수 있었습니다. 새로운 시장에서 신규 고객을 개척하는 미션이 주어졌다면 모험심이 있는 고객 담당자를 만나기를 두 손 모아 기도해야 합니다.

3)감정과 심리 상태

회사 생활을 하다 보면 상사에게 결재를 잘 받는 사람이 있지만, 결재를 올릴 때마다 언성이 높아지고 야단만 맞는 사람도 있습니다. 내용에는 큰 차이가 없는데 왜 이런 차이가 생기는 걸까요? 결재를 올리는 사람, 장소, 경우, 시간의 차이 때문일 수 있습니다. 특히 결재를 올리는 타이밍을 귀신같이 캐치해서 상사의 기분이 좋을 때 빠르게 결재를 받는 사람은 상대방의 감정 상태가 프로젝트 성사에 큰 영향을 미친다는 사실을 잘 알고 있습니다.

스트레스를 받고 있거나 화가 난 상태의 고객은 정보 수용을 거부하거나 논리적으로 대화하기 어려울 수 있으며 위험을 극도로 회피하는 방어적인 태도를 취합니다. 고객의 감정 상태가 좋을 때 만나거나 연락을 취하는 것이 제일 좋지만 부정적인 감정 상태임을 확인했다면 이를 효과적으로 관리하고 전환하는 전략도 중요한 비즈니스 스킬입니다. 이때는 영업 담당자의 공감 능력이 매우 중요합니다. 고객의 고통에 공감할 수 있다는 것은 담당자가 만족할 수 있는 솔루션을 효과적으로 도출할 수 있다는 뜻이 되기도 합니다.

고객의 심리 상태를 잘 파악하려면 영업 담당자의 질문이 무척 중요합니다. 효과적으로 질문을 구성하고 제시하여 상대방의 감정 상태를 파악하고, 이에 맞춰 필요한 정보를 끌어내야 합니다.

4)교육 정도

고객사 담당자의 교육 정도는 그들의 이해력과 인식 능력과 관계가 있습니다. 이들의 지식수준에 따라 가치 제안 방식과 내용도 달라집니다. 전문 교육을 받은 담당자는 기술적인 배경이나 복잡한 내용도 잘 이해하는 편이지만, 그렇지 않은 담당자는 이해하는 척만 하는 경우도 있습니다. 이런 경우라면 전문 용어 사용을 주의해야 합니다.

높은 교육 수준을 가진 담당자들은 일반적으로 데이터와 분석에 기반한 의사결정을 선호합니다. 그리고 더 높은 기대치와 구체적인 요구 사항을 가지고 있습니다. 이에 부응하기 위해서는 구체적이고 상세한 정보를 제공하며 제품이나 서비스의 고급 기능이나 특징을 강조하는 것이 효과적입니다. 이들은 새로운 아이디어와 혁신에 개방적입니다. 이러한 특성은 새로운 제품이나 서비스를 도입할 때 중요한 요소가 됩니다.

5) 영향력과 설득력

영업 담당자의 노력으로 고객사의 구매 담당자가 긍정적인 태도를 취하기 시작했다고 가정해 보겠습니다. 이제는 구매 담당자가 다른 바잉센터의 담당자를 효과적으로 설득해주어야 합니다. 이때 설득력이 뛰어난 담당자는 의사결정의 속도를 높여 줄 수 있습니다. 그리고 프로젝트의 방향을 결정하는 데 큰 영향력을 행사합니다. 그런데 그렇지 않고 구매 담당자가 부정적이면 오히려 공급사의 이익을 훼손시키는 방해자의 능력을 십분 발휘합니다.

영향력이나 설득력이 뛰어난 구매 담당자라면 무슨 일이 있어도 그를 우리 편으로 만들어야 합니다. 문제 상황이나 위기가 발생했을 때 해결의 중요한 역할을 해줄 수 있습니다. 그리고 능력 있는 담당자라면 승진 속도도 빨라 향후 구매 관계를 오랫동안 유지하는 데에도 큰 도움을 줍니다.

페르소나와 공감지도

B2B 마케팅에서도 고객사의 구매 담당자의 페르소나를 상상하고 '공감지도'를 작성하는 이유는 담당자의 동기, 필요, 고민을 깊게 이해함으로써 맞춤형 메시지와 솔루션을 제공하고자 함 때문입니다. 페르소나는 꼭

B2C에서만 필요한 것은 아닙니다.

그리스어로 가면을 뜻하는 '페르소나'(Persona)라는 단어는 현대 마케팅에서 빼놓을 수 없는 중요한 개념입니다. 마케팅에서의 페르소나 활용은 나이, 성별, 배경, 성향, 성격, 수입 등 가상의 주요 고객을 설정하여 이를 대상으로 마케팅 전략을 수립하는 것입니다. 페르소나를 추출해낼 수 있다면 필요한 전략이 무엇인지 자연적으로 파악할 수 있습니다. 최근에는 B2C, B2B, B2G 등 모든 마케팅 영역에서 중요성이 증가하고 있습니다.

고장 난 보일러를 교체해야 하는 집을 상상해보겠습니다. 2명의 자녀를 둔 4인 가족, 32평의 아파트에서 살아가는 평균적인 가정이 있습니다. 이들은 모두 보일러의 '사용자'(User)입니다. 그렇다면 '구매결정권자'(Decider)는 누구일까요? B2C 마케팅 전략을 수립해야 한다면, 누구에게 어필하는 전략을 짜야할까요? 우리나라는 대개 '주부'가 그 역할을 수행합니다. 이때의 페르소나는 구매결정자인 주부입니다.

4인 가정의 엄마라면 평균적으로 몇 살일까? 40대 초중반 정도입니다. 해당 연령대에서 가장 흔한 이름인 '김지혜' 씨라고 가정해보겠습니다. 김지혜 씨를 대상으로 SNS 홍보 채널을 운영한다면 아마도 인스타그램, 맘 카페, 혹은 드라마(예: 중증외상센터)의 중간 광고나 PPL 활용 등이 될 것입니다.

같은 보일러라 할지라도 국가/지역에 따라 구매결정권자가 달라질 수 있습니다. 인도나 파키스탄, 아프가니스탄 등 중동 지역의 국가에서는 가부장 중심으로 대부분의 중요한 구매 결정이 '아빠'에 의해 이루어집니다. 이처럼 해당 국가의 문화나 전통에 맞추는 전략 수립이 필요합니다.

보일러의 구매결정권자인 김지혜 씨는 제품 선택 시 무엇을 가장 고려할까요? 안전? 디자인? 가벼움? 기능? 가성비(가격 대비 성능을 보는)와 가심비(심리적 만족감을 보는) 중 무엇에 중점을 둘까요? 또 누구에게 영향을 받을까요? 친구? SNS? 연예인? 그리고 김지혜씨는 자신의 경험을 공유하는 편일까요? 만약 공유한다면 어떤 채널을 선호할까요? 이러한 질문을 계속하면서 페르소나의 디테일한 요소를 고려하여 마케팅 전략이 수립됩니다. (이때 '공감지도'를 활용하면 좋습니다. 구글링을 하게 되면 간단한 템플릿을 얻을 수 있습니다.)

미국의 스타트업들은 페르소나 설정에 많은 시간을 투자한다고 합니다. 마네킹을 가져와서 이름을 붙이고 옷을 입혀 사무실에 자리를 마련하고 아이디어 회의에 함께 참여시키기도 한다고 합니다. 머릿속으로 상상만 할 때보다 눈앞에 물리적인 형태로 보는 것이 훨씬 더 아이디어 도출과 공감에 도움을 줍니다.

실제 고객사 구매 담당자의 페르소나를 생각해서 영업 전략으로 연결한 사례를 다음 글에서 체크해보겠습니다.

페르소나 활용사례

B2B 영업에서 페르소나의 설정 이유는 영업 대상자가 되는 '누구'를 찾고, 잘 '설득'하기 위해서입니다. 실제 고객사 담당자는 자신이 속한 조직이나 역할에 따라 원하는 것이 각각 다릅니다.

필자의 사례를 들어보겠습니다. 필자는 기업 강사 그리고 컨설턴트로 14년의 시간을 보내며 여러 기관과 기업의 교육 담당자들과 컨택해왔습니다. 기업 강사인 필자에게(B2B 공급사) 연락해 교육을 결정하고 스케줄을 짜는 분은(B2B 고객사) 누구이고 그들의 페르소나는 어떻게 될까요?

이들은 인사팀, 인재개발팀 혹은 교육팀 소속이며 20대 후반에서 30대 초반 정도의 여성 분들이 많습니다. 이들은 무엇을 필요로 하고 원할까요? 이들은 강사나 교육 회사를 찾을 때 '네이버'에서 검색을 빠르게 한 후, 직접 강의력을 확인할 수 있는 '유튜브'로 실제 교육 영상 등을 확인합니다. 항시 바쁜 업무에 시달리고 있기 때문에 연락이 지연되는 것을 싫어하며 각종 제안서와 필요 서류들을 미리 챙겨 귀찮은 일을 최소화해주는 것을 좋아합니다. 연락도 전화나 이메일보다는 익명 채팅이나 문자와 카톡으로 빠르게 커뮤니케이션 하는 걸 선호합니다.

그런데 문자 연락 후 강사가 자신을 카톡 친구로 등록해서 메시지를 보내면 프로필 사진 등의 정보가 공유되어 불쾌해 하기도 합니다. 그리고 이들 입장에서는 강의료는 큰 문제가 안 될 수 있습니다. 왜냐면, 자기 주머니에서 나가는 것도 아니고 이미 대략적인 교육 예산은 어느 정도 정해져 있기 때문입니다.

새로운 벤더, 공급사, 서비스 제공자를 찾아서 검증하고 계약하는 과정은 정말 힘든 일입니다. 조직에서 일하는 직원은 부서와 상관없이 '편함'(Convenience)이라는 가치를 굉장히 좋아합니다. 이런 부분을 전략적으로 잘 활용하고(담당자의 일거리를 덜어주고), 사용자인 교육생의 수강 만족도까지도 높일 수 있다면 기업 강사로 선정될(계약이 체결될) 확률은 높아집니다. 이처럼 내가 설득해야 할 대상을 명확히 파악하고, 설득을 위해 필요한 것을 준비하는 도구가 바로 페르소나입니다.

구매자와 판매자의 유사성

'구매자와 판매자의 유사성'은 필자가 요즘 B2B 마케팅에서 가장 주목하고 있는 부분입니다. 10여 년 동안 이 부분에 대해서 고민을 해왔는데도 쉽게 이해할 수 있는 사례가 부족했습니다. 그런데 최근 몇 가지 케이스를 보면서 감을 잡을 수 있었습니다.

1940년-1954년에 출생한 '산업화 세대'의 막내는 1954년

생입니다. 2025년 기준 71세이기 때문에 기업에서 오너(회장님)가 아니면 찾아보기가 힘듭니다. 1955년에서 1963년 출생한 '베이비 부머 세대'의 막내도 1963년생으로 62세입니다. 이분들 역시 더 이상 정규직에서는 찾아보기가 힘듭니다. 그러면 1960년-1969년에 출생한 '386세대'는 어떨까요? 1969년생 기준으로 56세인데, 주변에 간혹 있기는 하지만 거의 사라졌습니다. 1970년-1980년 출생한 'X세대'는 어떨까요? 2025년 기준으로 46세-56세입니다. 이들은 현재 조직의 가장 끄트머리에 남아 있습니다. 부장에서부터 임원, 사장 등 대부분 결정권자(Decider)의 위치에 있습니다. 그 아래 1981년 1996년 사이에 출생한 M세대는 30세-45세입니다. Z세대는 그 이하입니다. 사실 20대 초반부터 40대 초반을 하나로 묶는 MZ세대는 다소 어폐가 있는 것 같습니다. 40대 초반은 Z세대 보다는 X세대와 공유하는 것이 더 많습니다. 그래서 필자는 27세 이하인 'Z세대'에 주목합니다.

기업 교육을 하는 필자의 카운터 파트 대부분이 바로 Z세대인 20대 중후반의 여성입니다. 저는 이분들과 편하게 소통할 방법을 계속해서 고민 중입니다. 앞에서도 페르소나 얘기를 하면서 저의 페르소나가 어떤 분들인지 한번 정의한 바 있습니다. 이들과 소통을 잘하기 위해서는 네이버보다는 구글 검색에 대응하고, 강의 모습을 미리 보기 할 수 있는 유튜브 채널이나 홈페이지도 갖고 있어야 합니다. 그리고 SNS를 통한 질문에도 3분 이내 빠르게 피드백하는 것이 중요합니다.

한번 반대로 생각해볼까요? 구글이 아닌 네이버로 검색해서 들어가 본 홈페이지는 스마트폰으로 보기에는 불편하게 설계되어 있습니다. 홈페이지가 뜨는 데 속도도 느립니다. 홈페이지 속 내용은 4-5년 전의 것입니다. 이 정도쯤 되면 대부분의 Z세대 담당자는 짜증을 내며 닫아버립니다. 그래서 필자는 '디지털화에 대한 준비'라는 측면에서 같이 일할 수 있다는 느낌을 주기 위해 노력합니다(유사성 제공).

또 다른 예를 들어 보겠습니다. 반도체 장비를 제조해서 납품하는 C사는 SK하이닉스의 2차 벤더(공급사)입니다. 1차 벤더사를 통해 SK하이닉스가 화학용제의 심각한 품질 불균일 문제를 겪고 있다는 사실을 알게 되고, 미국의 화학용 펌프 업체의 기술을 기반으로 솔루션을 제안하며 기회를 잡게 되었습니다. 파일럿 테스트의 결과도 좋았고 양산 테스트도 순조롭게 진행되었습니다. 이즈음 되면 SK하이닉스의 구매나 생산 담당자가 공장 감사(Audit)를 오게 됩니다. C사는 미국 펌프 업체 공장으로 직원을 파견해 숙소와 접대 장소, 골프장 등을 섭외하고 관광 일정까지도 챙겼습니다. 모든 것이 순조로울 줄 알았는데, 청천벽력 같은 소식이 전해졌습니다. 알고봤더니 미국 회사는 첨단 공장이 모여있는 사이언스 파크가 아닌 전통적인 중소기업 공장들이 모여있는 공단 안에 있었습니다. 좀 오래되어 보이고, 지저분해 보이고, 뭔가 관리가 잘 안 되어 보이는 느낌에 SK하이닉스의 담당자는 '괴리감'을 심하게 느끼고는 계약을 취소해 버렸습니다. 바로 '구매자와 판매자의 유사성' 문제로 노(No)해버린 케이스입니다(실제 사례가 아닌 필자의 상상력을 가미한 케이스입니다).

B2B 마케팅에서는 우리는 누구를 상대로 하며 그들이 편하게 일할 수 있도록 나는 어떤 준비를 하고 있는지 생각해보는 것은 매우 중요한 고객 접촉 전략입니다. 구매자와 판매자의 유사성이 어떤 점에서 중요하고, 유사성을 만들기 위해서는 어떤 커뮤니케이션이 필요한지 예시로써 살펴보았습니다.

B2B 유통 3가지

고객을 접촉하는 경로는 여러 가지입니다. 직접 고객사의 문을 두드리는 것이 가장 전통적인 방법입니다. 하지만 여러 효율적인 납품 구조 때문에 중간 유통(대리점이나 에이전트)을 두고 영업하는 것이 더 나을 수도 있습니다. B2B 유통에 대해서 알아보겠습니다.

필자는 2012년부터 14년 정도 창업 교육과 멘토링, 컨설팅 업무 등을 했습니다. 그동안 창업자분들을 만나면 꼭 물어보는 질문이 있습니다.

"B2C, B2B, B2G 고객은 공략하는 방법이 많이 다릅니다. 여러분의 창업 아이템을 머릿속에 떠올려보시고 고객이 누구인지 떠올려보세요. 고객이 B2C인가요? B2B인가요? B2G인가요? 해당하는 곳에 손을 들어보세요."

이렇게 질문하면 통상 B2C가 더 많이 나옵니다. 그런데 필자가 질문을 다시 "B2C인데, B2B 같기도 한 분은 다시 손들어보세요"라고 하면 B2C에 손을 들었던 분 중 절반 넘게 다시 손을 듭니다. 그분들과 면담을 해보면 소비자용 상품을 제공하는 B2C 제품을 만들고 판매하지만, 유통을 위해서는 도매업자를 상대로 해야 하기 때문에 B2B로도 본다고 얘기합니다. 이처럼 대표적인 B2B 유통 방식은 대리점(도매업자)를 통한 '간접 유통'입니다.

혁신적인 모바일 POS 결제 기계를 개발했다고 가정하고 시장에 유통하는 방법을 찾아보겠습니다. 제품은 가볍게 들고 다닐 수 있고, 안드로이드 운영 체제이며, 배터리는 하루종일 가고, 영수증 인쇄도 되며, 신용 카드, 삼성 페이, 애플 페이 등 모든 것이 다 해결되는 혁신적인 제품입니다. 개발을 완료해서 제품명까지 확정했습니다. 제품 가격은 20만 원입니다.

1) 직접 유통 방식

먼저 공장을 만들고 생산 설비를 세팅한 후 주요 지역에 상품의 보관과 출고를 위한 물류 센터부터 만듭니다. 상품 운송을 위한 트럭과 운전자도 필요합니다. 주요 지역에 많은 직판 매장을 만들고 시설도 완비합니다. 그런 다음 인력을 채용합니다. 생산을 담당할 근로자부터 공장장, 생산 관리자, 창고 관리자, 출하 및 배송 담당자, 매장 관리자, 판매원, 영업사원, 본사 관리 지원, 마케팅 담당, 디지인, 온라인 플랫폼 담당사 등 여러 사람의 채용이 필요합니다. 생산 비용은 물론이고, 창고 임대 및 관리 비용, 매장 운영 비용, 마케팅과 영업 비용 등이 사업 초기부터 들어갑니다.

사업을 처음 하는 분들은 자기가 상품에 대한 소유권 (Ownership)을 가지고 최종 사용자(End-user)에게 직접(Direct) 유통을 하는 것을 당연하게 생각합니다. 직접 유통 방식입니다. 하지만 이는 굉장히 위험 부담이 높습니다. 왜냐면 생산, 유통, 영업, 판매 부담을 모두 자기가 다 짊어지고 가는 것이니까요. 앞에서 말한 것처럼 고용해야 할 인력도, 준비해야 할 조직도 상당합니다. 그래서 일반적으로는 주요 고객사만 이렇게 직접 관리합니다. 매출에서 높은 비율을 차지하는 주요 고객사라면 전담 영업 사원을 배정해서 다양한 지원으로 고객사의 충성도를 높이는 전략을 취합니다. 그렇게 하는 것이 다른 공급사의 진입을 차단하기에도 좋습니다. 즉 POS 기계의 경우 대형 음식점이나 할인 마트 등 큰 고객은 본사에서 직접 영업을 진행합니다.

제조 업체가 전문 도매업자들보다 유통 전문성이 뛰어나다면 상관없겠지만, 그렇지 않다면 모든 거래처를 직접 관리하기보다는 상위 고객, 중요 고객 중심으로 직접 판매(유통)를 하고 나머지는 전문 유통 업자에게 맡기는 것이 유리합니다. 이때 재고 보유가 가능한지에 따라 '판매 지점'(Sales Branch)과 '판매 사무소'(Sales Office) 등으로 분류할 수 있습니다.

2) 대리점(Distributor) 유통 방식

POS 판매 이야기를 계속 이어가 보겠습니다. 유통 방식을 대리점 유통으로 정했다면, 제품 개발이 완성되고 테스트 단계에 들어갈 즈음 여러 경로로 이들을 모집하는 공지를 합니다. 인터넷 광고를 진행하고 전용 홈페이지와 랜딩 페이지도 만듭니다. POS 기계 관련 국내외 전시회에도 참여합니다. 아마도 상품만 괜찮다면 '돈 냄새'를 맡은 대리점 후보들이 자연스럽게 모일 것입니다. 여기서 괜찮은 대리점들을 추려내고 검증하는 것이 중요합니다. 혹은 지역(국가)별로도 산업 전문 잡지에 광고해서 상품을 홍보하고 마찬가지로 판매할 대리점을 찾는 방법도 있습니다. 가장 잘하는 대리점을 지역의 핵심 거점으로 육성하는 것이 중요한데, 가만히 앉아서 기다리기보다는 직접 찾아나서야 합니다.

대리점 후보군을 찾았으면 어떻게 설득해야 할까요? 당연히 돈을 많이 벌게 해줄 수 있다는 말이 가장 좋습니다(ㅎㅎ). 다른 POS 기기 회사는 10만 원짜리 제품을 9만 원에 공급받아 판매하고 영업, 보관, 유통 비용 등을 제하면 3%인 3천 원 정도가 남는데, 자사의 경우 20만 원짜리 제품을 10만 원에 공급받을 수 있다고 하면 대리점 입장에서 눈이 번쩍 뜨이는 제안이 됩니다. 처음 진입하는 제품이라 마케팅, 물류, 재고 관리, 판관비 등이 많이 든다고 하더라도 개당 마진이 6만 원 정도면 기존 제품의 20배나 됩니다. 대리점 입장에서는 뛰어들지 않을 이유가 없습니다. (20만 원짜리 제품의 생산 원가는 아마도 8-9만 원 정도일 것입니다. 10만 원에 넘겨도 1-20%는 남습니다. 대리점은 10만 원에 받아 20만 원에 넘기면 5-6만 원 정도 남겠지만 팔리는 물량과 수량을 확신할 수 없기 때문에 사실상 리스크도 같이 가져가는 셈입니다). 그리고 추가적인 물량 할인(Volume Discout)과 인센티브 등의 보상을 해주고, 본사 차원에서 마케팅도 같이 곁들인다면 시너지가 더욱 강하게 생긴다고 설득합니다.

이런 방식으로 대리점을 모집하고 이들을 통해서 고객사를 발굴하고 판매를 이어가는 방식이 대리점을 활용한 B2B 간접 유통입니다.

3)에이전트(Agent) 유통 방식
다른 방식도 알아볼까요? 몇 년간 공을 들여왔던 고객인 대형 고객사의 구매 상무가 퇴직하게 되었습니다. 정말 힘이 빠집니다. '닭 쫓던 개 지붕 쳐다보듯 한다'는 속담이 생각날 정도입니다. 새로운 결정권자(Decider)인 신임 구매 상무를 대상으로 다시 관계를 구축하고 영업을 시작해야 합니다. 그리고 퇴직하는 전 구매 상무를 활용할 방법도 강구할 필요가 있습니다. 수 십 년간 조직 안에서 주인 의식 없이 일하던 꽉 막힌 사람이라면 고민할 필요도 없이 신경을 끄면 되겠지만, 회사의 경영진 및 현업 담당자와 관계도 좋고 비즈니스에 대한 혜안도 있다면 같이 사업을 진행할 수도 있습니다.

만약 그분에게 "상무님, 같이 사업하시죠! 자사와 대리점 계약을 하시면 적극적으로 지원하겠습니다"라고 했는데 "아니 됐어요. 사무실도 찾아야 하고 창고도 있어야 하고 초기 재고와 관리 인력, 영업 사원도 있어야 하는데 최소 비용이 몇억 원은 있어야 하지 않을까요? 싫어요. 그냥 낚시나 하고 여행이나 하죠. 뭘 힘들게..." 이렇게 답변합니다. 진심인지는 모르겠지만 이런 반응이 나올 확률이 높습니다. 그러면 "상무님, 그런 비용은 전혀 걱정하실 필요가 없습니다. 저희 사무실에 방 하나 내드리겠습니다. 재고 관리나 유통, 판매 관련한 모든 업무는 본사에서 진행하겠으니 상무님은 사업자 하나 내시고 오더만 따주시면 됩니다. 그러면 매출의 5%를 커미션으로 보장하겠습니다." 이렇게 다시 얘기합니다.

입장을 바꿔서 전임 상무의 입장에서 생각해보겠습니다. 60세 남성이고 업계 경력은 30년 이상이며 해당 산업의 모든 전후방 가치 사슬에 대해서도 잘 알며 네트워크와 사업 수완도 좋습니다. 다만 내 돈으로 여러 리스크를 지기 싫어서 이런저런 고민을 하던 찰나입니다. 그때 한때 거래처였던 곳에서 좋은 조건의 취업 제안이 늘어온다면 혹할 수밖에 없습니다. 필자가 전임 상무라면 커미션을 10% 정도로 높게 불러 7% 정도에 합의할 것 같습니다. 그러면 500개, 1억 원어치를 팔면 700만 원이 떨어집니다. 괜찮지 않을 수 없습니다.

이런 유통 방식이 브로커(Broker), 에이전트(Agent)를 활용하는 B2B 간접 유통 방식입니다. 대리점(Distributor)처럼 상품의 소유권(Ownership)을 이전받고 재고 관리와 판매 관리까지 하는 위험 부담을 지지 않는 중개인 개념입니다.

대리점 종류

앞서 대리점 유통 방식에 대해 알아보았습니다. 대리점에도 몇 가지 종류가 있습니다. 제조업자 대리점, 판매 대리점, 구매 대리점, 수수료 상인 등입니다. 하나씩 살펴보겠습니다.

1)제조 업자 대리점(Manufacturer's Agent)
제조업자 대리점은 제조 업체가 대리점을 소유한다는 개념이 아니라 제조 업체를 대신해서 특정 지역이나 시장에서 제품을 판매해주는 역할을 한다는 뜻입니다. '하이마트'를 생각하면 이해가 쉬울 듯 합니다. 하이마트는 삼성, LG의 제품을 대신 팔아주는 '제조업자 대리점'으로 볼 수 있습니다.

삼성디지털프라자에서는 삼성전자 제품만 구매할 수 있고 LG베스트샵에서는 LG전자 제품만 구매할 수 있습니다. 하지만 하이마트에서는 삼성, LG는 물론이고 다른 제조사 제품까지도 한자리에서 보고 구매할 수 있습니다. 중요한 점은 여러 제조 업체의 다양한 제품들이 중복되어 서로 카니발리제이션(Cannibalization, 자기 잠식 효과)이 생기면 안 되기 때문에 거래 계약 시 중복되지 않도록 판매 제품의 종류와 지역, 고객 등을 잘 협의해서 제한할 수 있어야 한다는 것입니다.

필자가 2006년 후반 대만에 반도체 공정용 공구를 영업할 때, 중화권 최대 규모의 대리점과 컨택해서 제품 유통을 의뢰한 적이 있습니다. 대리점 회사 규모가 제조 업체보다 더 큰 '갑'의 위치에 있는 회사였습니다. 그러다 보니 시장 조사 결과나 영업 결과 등을 잘 보고해 주지도 않았습니다. 나중에 알고 보니 이미 경쟁사 제품으로 주요 고객사에 영업을 하는 상황이었습니다. 의도했든 그렇지 않았든 필자와 컨택하면서 오히려 우리 제품의 시장 진입을 막고 있었습니다.

2)판매 대리점(Selling Agent)

판매 대리점은 계약한 B2B 공급사의 모든 품목에 대한 판매 권한을 부여받습니다. '영업 외주'라고 보시면 이해가 쉬울 것 같습니다. 영업 시스템 구축에 비용을 쓰고 싶지 않은 공급사가 채택할 수 있는 방법입니다. 전문적인 판매 대리점을 만난다면 좋은 시너지가 발생하는 유통 방식입니다.

3)구매 대리점(Purchasing Agent)

고객사를 대신해 B2B 공급사로부터 제품이나 서비스 등을 구매해주는 대리점입니다. 필자가 있었던 자동차, 디스플레이, 반도체, 태양광 산업에서는 한 번도 보지 못한 유통 방식입니다. 품질에 민감한 영향을 끼치는 소재, 부품, 장비를 구매 외주 업체에 그냥 맡길 수는 없기 때문입니다. 간단한 소모품이나 비품 등은 이런 식의 대리점 이용을 많이 합니다.

4)수수료 상인(Commission Merchant)

B2B 공급사(생산업자)의 상품의 마케팅, 영업, 보관, 유통, 판매까지 전부를 대행해주는 유통 업체입니다. 대개 매출에서 커미션(수수료)과 각종 비용을 제외한 대금을 공급사에게 지급하는 방식을 많이 사용합니다. 예를 들어 배추를 포기당 5천 원에 2만 포기를 판매한 대금 1억 원 중 커미션 30%인 3천만 원과

마케팅, 영업, 보관, 유통, 판매 비용인 3천만 원을 제외한 4천만 원을 생산업자에게 지불하는 방식입니다. 생산업자 입장에서는 포기당 원가 1천 원의 두 배인 판매가를 받았고, 판관비는 따로 없기 때문에 생산 원가 대비 100%의 이익이 생기게 됩니다.

대리점의 역할(B2B 공급사 입장에서)

B2B 공급사가 유통 대리점과의 밀접한 협력을 통해 직접 관리하는 고객사를 줄인다면, 상대적으로 본업에 집중할 수 있는 효율성을 얻을 수 있습니다. 그리고 대리점을 통한 고급 시장 정보를 획득하여 비즈니스 확장에 필요한 인사이트를 제공받을 수도 있습니다. 새로운 시장 진입과 개척에는 전문 대리점의 역할이 더 중요하게 작용합니다.

1)판매 접점 축소(편의성 제공)

마케팅이나 영업, 대고객 서비스의 경험이 많지 않은 B2B 공급사(=제조사)가 온오프라인으로 직접 고객사로 영업 활동을 시도하거나 고객에게 직접 판매하는 B2B 마케팅을 한다면 어떤 리스크가 생길까요? 우선 비용이 증가합니다. 마케팅과 홍보 비용, 재고 관리 비용, 운송 비용, A/S 운영 비용, 판매 관리 비용 등 다양한 종류의 비용이 발생합니다. 즉 제조 업체가 전문적으로 해야 할 제품 개발과 생산에 소홀하게 될 가능성이 커집니다. 그리고 직접 영업에 나설 경우 시장 장악력이 뛰어난 유통 대리점과의 관계가 심각하게 악화할 수가 있습니다. 공격을 받았다고 느낀 유통 업체들이 제조 업체를 고사시키기 위해 제조 업체의 경쟁사와 연합해 가격 할인 등의 방법으로 반격을 시도할 수도 있습니다. 반대로 '좋은' 대리점을 선택해서 협력 관계를 잘 구축한다면 관리 대상을 줄일 수 있어 상호 간에 비용을 줄이면서 이익을 늘릴 기회를 만들 수도 있습니다.

2)주문 처리 대행(인건비 절감)

여러 곳(B2B 고객사는 물론이고, 최종 소비자 고객까지)에서 전화나 팩스, 문자, 카톡, 메일 등 다양한 방식으로 늘어오는 오더를 받아서 처리해야 하는 공급사 입장에서는 대리점이 이를 대행해주며 단 하나의 주문으로 묶어서 통보해준다면 업무가 엄청나게 줄어들 것입니다. 한마디로 판매 관리 관련 인건비가 절감됩니다. 대신 유통사와의 관계가 원활하지 못하다면 시장 관련 정보의 확보가 힘들다는 단점이 있습니다. 품질 문제가 발생할 경우 근본적인 원인(Root Cause) 추적도 쉽지 않습니다.

이 때 B2B 공급사와 대리점이 주문 시스템을 통합 운영한다면 실시간으로 상황 파악이 가능하고 여러 문제에도 빠르게 대처할 수 있습니다. 다만, 대리점 입장에서는 자신들의 정보가 제조 업체로 모두 공유될 수 있다는 생각을 할 수 있어서 주문 시스템의 통합을 꺼릴 수 있습니다. 제조 업체와 대리점 사이의 신뢰가 높아야 가능한 일입니다.

3) 재고 부담 축소(비용 리스크 감소)

대리점이 B2B 고객사에게 제공하는 대표적인 가치는 '필요할 때 바로바로 공급해주는 것'입니다. 그래서 대리점은 항상 안전 재고 확보에 주력합니다. 2022년 반도체 대란 때 차량용 반도체의 안전 재고를 여유 있게 운영하지 않았던 자동차 제조사는 매출에 큰 타격을 입었습니다. 만약 중간에 대리점을 두고 재고를 여유 있게 관리하면서 B2B 공급사로부터 납품을 받았더라면 부품이 없어서 차량을 만들지 못하는 일은 없었을 것입니다.

그런데 여기서 정말 주의해야 할 것이 있습니다. 바로 영업 사원의 '도덕적 해이'(Moral hazard, 모럴 해저드)입니다. B2B 공급사의 영업 사원 평가 기준은 '매출 실적'입니다. 영업 사원은 전년 하반기에 설정한 올해 매출 목표를 달성하기 위해 달리는 경주마입니다. 예를 들어 3월 매출 목표가 10억 원인데, 3월 31일 기준으로 매출이 9억 8천만 원입니다. 2천만 원만 더하면 이번 달 매출 목표를 달성할 수 있습니다. 하지만 최종 고객(예: 삼성전자)으로부터는 더이상 주문을 받을 수 없습니다. 그러면 영업 사원은 말이 잘 통하는 대리점으로 전화를 걸어서 "사장님 아니 형님! 안전 재고 차원에서 PO 좀 더 주세요. 2천만 원만 더해주시면 됩니다. 제가 앞으로 열심히 서포트하겠습니다. 이번만 좀 부탁드릴게요." 이렇게 없던 주문을 만듭니다. 대리점은 최종 고객의 PO가 없는 상황에서도 영업 사원의 부탁으로 자체적으로 오더를 발행하고 물건을 납품받은 후 창고에 쌓아둡니다. 그런데 만에 하나, 스펙이 바뀌어 최종 고객사가 더 이상 물건이 필요하지 않게 되면, 그 즉시 '악성 재고'가 되어서 B2B 공급사 입장에서는 '악성 미수금'이 되어버립니다. 이렇듯 대리점은 제조 업체에 재고 부담을 덜어주는 역할도 하지만, 잘못 운영할 경우 폭탄을 키우는 것처럼 될 수도 있습니다.

4)시장 정보 제공(효율성 제공)

대리점은 상시적으로 최종 고객사나 소매 업체, 소비자를 접촉하면서 고객의 니즈나 고통, 변화 등 다양한 정보를 취득합니다. 일반적인 시장 조사는 코트라(KOTRA, 대한무역투자진흥공사)같은 곳을 활용할 수도 있지만, 좀 더 전문적인 시장 조사(대만 AA 반도체 업체의 ○○ 장비 운영실태와 ×× 소재의 월간 사용량 같은)는 진행이 어렵습니다. 이때는 각국의 정보기관이 휴민트(HUMINT, Human Intelligence, 인간정보)를 활용하듯 유통 대리점의 영업 사원을 활용하여 전문적이고 세부적인 정보의 파편(Information)을 끌어모아 의미 있는 정보(Intelligence)로 만들어야 합니다.

B2B 공급사 입장에서 신규 시장을 개척해야 하는 상황일 때 좋은 대리점의 요소는 정확한 시장 정보를 갖고 있느냐 그렇지 않느냐의 여부입니다. B2B 공급사는 정량적인 데이터로 믿을 수 있는 '숫자'를 주는 대리점을 파트너로 선택할 확률이 더 높습니다.

5) 시장 커버리지 확대(점유율 상승)

보일러 판매 사례를 들어 설명해보겠습니다. 보일러를 B2B 방식으로 영업한다면 시장을 파악하고 타겟 고객을 추출하는 데 '산업'과 '적용 분야'로 분류하는 것이 좋다고 말씀드렸습니다. 그래서 건설 산업에서 아파트 분야로 분류하고 공략 대상 고객을 '아파트를 만드는 건설 회사'로 추렸습니다. 이때 주요한 아파트 건설사를 50여 개라고 보면 2025년 기준 1위에서 5위 정도의 건설사들은 중요 고객(Key Account)으로 설정하고 장기적으로 관리해야 합니다. 그렇다면 나머지 45개사는 어떻게 해야 할까요? 자사의 인적 자원으로는 모두 공략하기가 힘듭니다. 이때 지역별로 묶어 대리점에게 관리 위탁을 하면 어떨까요? 아파트뿐만이 아니라 일반 주택용 보일러까지 포함해서 대리점에서 관리하도록 합니다. 그러면 짧은 시간 안에 시장 커버리지를 확대할 수 있습니다.

6)최종 고객 대상 서비스 확대

고객사의 구매 담당자와는 구매가 일어난 후에도 자주 만나면 좋습니다. 관계를 유지하고 고객사의 충성도를 높이는 목적도 있지만, 새로운 정보를 수집하는 목적도 있습니다. 정보는 서로 철저히 기브앤테이크로 오갑니다. 내가 신선한 정보를 주지 않으면 고객도 신선한 정보를 주지 않습니다. 그 외에도 납품하는 제품의 품질 문제가 발생한다면 이를 확인해서 새 제품으로 교환해주는 등의 일도 매우 중요합니다. 이런 서비스를 모든 고객사에게 동일하게 하면 좋겠지만 매번 그렇게 할 수는 없습니다. 기리상 밀리 떨어져 있는 국내 지역이거나 혹은 해외 고객사라면 매일 방문이 불가능합니다. 이때 자사를 대신해 대리점의 영업 사원이 이 역할을 해준다면 고객사 입장에서는 훨씬 더 나은 서비스를 받는다는 생각을 하게 됩니다. 현업의 경험이 많은 대리점 영업 사원은 공급사의 영업 사원보다 수준이 더 높은 경우가 많습니다.

대리점의 역할(B2B 고객사 입장에서)

B2B 고객사 입장에서 대리점을 통해 구매 접점을 축소하면 관리해야 할 공급 업체의 수가 줄어들고, 이로 인해 효율성이 증가하며 귀찮은 업무가 감소합니다. 또 편의점처럼 가까운 곳에서 즉시 제품을 공급받을 수 있습니다. 그리고 다양한 결제 방법으로 거래의 편의성을 높이고 비용도 절감

할 수 있습니다.

1)구매 접점 축소(편의성 제공)

반도체 파운드리 업체인 TSMC의 구매 담당자라고 생각해 보겠습니다. 장비 업체, 원재료 공급 업체, 부품 업체, 공구 업체, 서비스 업체 등 어마어마한 숫자의 공급 업체들을 관리해야 합니다. 힘들고, 불편하고, 신경 쓸 일도 많습니다. 이런 경우 중요한 공급 업체 몇 곳만 직접 관리하고, 규모 및 영향력이 작은 공급 업체들은 묶어서 전문성과 커뮤니케이션 능력이 좋은 대리점에 역할을 부여합니다. 그러면 구매 접점이 줄어들어 많은 귀찮음이 해소됩니다. 이때 직접 관리해야 할 공급 업체와 대리점을 통해 간접적으로 관리해야 할 업체를 구분하는 것은 중요한 노하우입니다.

2)상시 구매 가능(편의성 제공)

한국에서 편의점은 이미 4만 개 이상이 성업 중입니다. 집이나 사무실 근처 고개만 돌리면 금방 편의점을 찾을 수 있습니다. 편의점의 특징은 다양한 종류의 제품을 바로 근처에서 쉽게 살 수 있다는 점입니다. B2B 대리점도 마찬가지입니다. 자신들이 제조업체로부터 대량으로 제품을 구매해 놓고, 고객이 요청하면 바로 근처의 자신의 창고에서 물건을 꺼내 바로 공급

합니다. 편의점 같은 신속 편리함의 역할을 해줄 수 있는 곳이 대리점입니다.

3)소분화된 제품 구매 가능(비용 절감, 편의성 제공)

코스트코 같은 대형 할인 마트에 가면 가격이 저렴하다는 느낌이 가장 먼저 듭니다. 대신 벌크 단위로 많은 양을 사야 합니다. 반면 편의점 같은 소매점은 비교적 다양한 종류의 제품을 조금씩 구매할 수 있습니다. 대리점도 마찬가지입니다. B2B 고객사는 필요한 제품의 여러 조합을 대리점을 통해 편리히게 공급받을 수 있고 재고 관리 비용 또한 감소시킬 수 있습니다.

4)다양한 결제 방법 가능(편의성, 비용절감)

소매 영역에서 보면 신용 카드뿐만이 아니라 각종 선불카드, 모바일 페이 등 다양한 결제 방법이 이용되고 있습니다. 모두 고객의 쉬운 결재를 유도하기 위함입니다. B2B 현장도 마찬가지입니다. 비교적 소규모의 고객사가 대리점을 통하지 않고 대형 외국 제조 업체(B2B 공급사)의 장비와 부품을 구입했다면 은행에 신용장을 개설하거나 제조 업체 계좌로 직접 이체를 해야합니다. 그런데 그렇지 않고 B2B 대리점을 통해서 구매한다면 일정 기간 후에 대금을 결제(어음)하는 등 고객사 입장에서 좀 더 유리한 방식을 이용할 수 있습니다.

5)전문적인 컨설팅 서비스 확보(신속한 문제 해결)

안전 재고 확보, 최적의 운송 비용과 시간 관리, 품질 문제의 해결 등을 대리점이 중간에서 역할을 해줄 수 있다면 고객사 입장에서는 매우 편리합니다. 만약 공급사가 대형 회사라면 고객사 입장에서 서비스받는 것이 어려울 수도 있고, 요청이 통하지 않을 수도 있습니다. 이때도 대리점을 거치는 방식이 좀 더 나을 수 있습니다. 이러한 조처로 만족도가 높아진다면 굳이 공급사를 바꾸거나 할 이유가 생기지 않습니다. 오히려 해당 대리점이 추천하는 다른 공급사로 눈을 돌릴 수 있습니다.

필자가 B2B 대리점의 전문적인 컨설팅 서비스를 처음 경험한 것은 18년 전입니다. 30대 중반의 필자는 문과 출신임에도 대만의 초대형 반도체 파운드리였던 TSMC를 담당하는 영업 담당으로 대만에 파견되었습니다. 당시 소규모 대리점 대표가 저와 함께 움직였는데 그는 50대 초반의 반도체 전문가였습니다. 지식과 경험, 네트워크, 전략, 협상력 등 모든 면에서 스승이었습니다. 고객사 품질 문제가 생기면 주저 없이 필자의 회사에 기술 개선 제안을 조목조목 체계적으로 정리해서 대응했고, 납기나 사용법, 설치 방법 같은 이슈들이 생기면 자신이 직접 움직여 빠르게 상황을 개선시켰습니다. 반도체 산업 전문 컨설팅 서비스를 제공하는 최고의 대리점이었습니다. 이러한 서비스는 B2B 공급사는 물론이고, B2B 고객사에게도 중요한 서비스입니다.

6)마케팅, 영업, 판촉 공동진행(편의성, 효율성)

대형 복합기로 유명한 '신도리코'라는 회사를 아시나요? 1960년 당시 '신도'라는 무역업체가 일본 'Ricoh'복사기를 수입해서 판매하며 '신노리코'라는 회사를 공동으로 만들어 51% 지분을 가지고 있었습니다. 그런데 현재는 90%의 지분을 가지고 있습니다. 대리점이 주인이 된 사례입니다.

신도와 리코처럼 대리점과 제조사가 제휴해서 마케팅과 영업을 동시에 진행하고, 전시회에서는 함께 공동 부스를 만들 수 있습니다. 마케팅 능력이 부족한 제조사 입장에서는 큰 도움이 됩니다.

대리점 관리

제조사(B2B 공급사)의 대리점 관리 방법에 대해 알아보겠습니다. 통상 공급사가 '갑'의 위치에 있을 확률이 높지만, 공급사의 규모가 작고 큰 대리점이 고객사로부터 더 신뢰를 받는 상황이라면 '갑을'의 위치는 바뀔 수 있습니다. 공급사는 어떤 장치를 통해서 대리점이 자신을 위해 최선을 다하도록 하는지 알아보겠습니다.

1)갑질

제조사(B2B 공급사)가 대리점에 쓰는 강압적인 힘의 사례를 들어보겠습니다. 계약된 대리점이 고객사 확보나 매출을 만들지 못하고 시장 정보나 고객 정보도 공유하지 않는다면, 제조사는 타 대리점보다 제품 공급가를 비싸게 하거나 계약 갱신 시 기존의 마진율이나 커미션 비율을 낮추겠다는 의사를 내비치며 힘(갑질)을 쓸 수 있습니다.

또 다른 방법으로 대리점에게 계속 제공되던 것들을 없애버리는 방식도 있습니다. 상품 진열을 위한 도구와 장비, 대리점 직원을 위한 교육 서비스, 판매 장려금, 광고 지원금, 전시회 참가 지원금, 백마진 등입니다. 당연하게 받아오던 혜택이 사라지면 큰 압박으로 느끼게 됩니다.

'배달 지연'도 잘 드러나지 않는 교묘한 갑질입니다. 모 대기업 영업 담당에게서 들은 적이 있습니다. 대리점을 관리하는 그(30대 영업 사원)는 50대 대리점 사장이 자신을 무시하거나 지시를 잘 따르지 않으면, 예의 바른 태도로 여러 가지 피치 못할 이유를 들면서 배달 순서를 제일 뒤로 미룬다고 합니다.

뭐니뭐니 해도 가장 큰 위협은 '거래 중단'입니다. 다만 이런 '강압적인 힘'은 될 수 있으면 사용하지 않는 것이 좋습니다. 칼은 칼집에 있을 때 제일 무섭다고 합니다. 다른 모든 수단이 실패한 마지막 순간에 써야 할 힘을 가볍게 사용해버리면 쌍방의 관계는 악화되어 회복하기가 어려워집니다.

2) 전문성

지식에 근거한 '전문성'은 본사나 제조사가 대리점에 우위를 점할 수 있는 좋은 방법입니다. 제조사의 대리점 관리 담당은 통상 부장, 임원을 제외하면 대개 대리점 점주보다 나이도 어리고 경험도 적습니다. 제품과 산업 전반에 대한 지식이 부족하면 대리점과의 관계 형성과 협상에서 압박감을 느끼기 쉽습니다. 따라서 제조사에서는 영업사원들의 전문성을 향상시키는 교육 투자를 장기적으로 진행해야 합니다. 전문적인 지식에서 압도적인 우위를 차지하고 경험도 함께 축적되어야 대리점 점주들을 효과적으로 관리하는 힘이 생깁니다.

그리고 이렇게 축적한 전문적인 지식과 경험을 대리점으로 마구 퍼주면 안 됩니다. 조금씩 풀어서 '중독'이 되게끔 해야 합니다. 그러면 대리점은 제조사의 영업 조직이나 영업사원의 전문성에 의존하게 됩니다.

3) 준거력(Referent Power)

대만 반도체 제조사에게 한국산 화학 소재를 판매한다고 가정해보겠습니다. 자사는 삼성전자, SK하이닉스, 마이크론 등에 막대한 물량을 납품하고 있는 레퍼런스를 가지고 있습니다. 그리고 기존의 공정을 개선할 수 있는 혁신적인 신기술이 적용된 대체 불가한 화학 소재라면 확실한 준거력(영향력)을 가지게 됩니다. 아마 해외 전시회에서 한쪽 구석에 작은 부스만 만들어도 방문객은 줄을 설 정도가 될 것입니다.

반대로 신기술이긴 하지만 아직 레퍼런스가 없고 시장에서 검증되지 않은 소재라면 미미한 준거력을 가지게 됩니다. 이때 활용 가능한 방법은 지배적인 유통 능력을 가진 대리점을 통하거나 규모는 작더라도 전문성이 뛰어난 강소 대리점을 찾는 것입니다. 이들과의 관계에서는 제조사가 '을'의 입장이 됩니다.

4)법적인 힘

대리점 관리에서 영역권(유통 영역) 보장은 매우 중요한 문제입니다. 대리점 계약 시 법적으로 보장되는 부분입니다. 아래 소개할 사례는 제조사가 법적의 힘을 이용한다기보다는 잘못된 판단으로 법적인 문제가 생긴 경우입니다.

아프리카TV에서 스타크래프트 BJ로 유명했던 황효진씨가 2013년 론칭했던 '스베누'는 매우 공격적인 마케팅으로 의류 시장에 빠르게 진입했습니다. 그러다 3년 만인 2016년 사업은 막을 내렸습니다. 그 이유는 품질이나 디자인 표절 등의 문제도 있었지만 필자의 판단으로는 유통에 대한 문제가 가장 컸습니다. 정상적으로 계약한 대리점 채널이 아닌 다른 경로로 제품을 헐값에 풀어버렸기 때문입니다. 이 사례는 회사 대표의 도덕적인 해이와 불법이라는 극단적인 사례입니다. 종종 계약한 대리점을 두고서 다른 경로로 물건을 유통하거나 하는 일이 발생합니다. 이런 경우 십중팔구 법적인 다툼으로 이어집니다.

3단계.
고객 니즈 확인

B2B 고객의 특징

B2B 고객(사)의 특징을 알아보겠습니다. 갖고 있는 '고통'은 모두 다릅니다. 속한 산업, 규모, 의사결정 방식 등이 각각 다르기 때문입니다. 그럼에도 굳이 공통점을 꼽자면 '높은 공급가'와 '맞춤화되지 않는 서비스'일 것입니다. 이 두 가지 중 하나만이라도 고객사의 고통을 덜어줄 수 있다면 납품에 성공할 가능성이 높아집니다.

B2B 고객이 B2C 고객과 다른 점은 여러 가지가 있습니다. B2C의 고객은 개인이며 구입 목적이 개인적인 욕구와 니즈 충족 때문이지만 B2B 고객은 조직, 회사, 기업이며 소재, 부품, 장

비, 공구, 프로그램, 서비스 등을 구입하며 그 이유도 조직의 비즈니스에 도움을 주려는 것입니다. 그래서 여러 이해관계자와 결정권자들이 개입하여 상당히 길고 복잡한 과정 끝에 결정이 됩니다. 대부분은 맞춤으로 제작된 제품과 서비스가 전문적인 컨설팅을 수반한 마케팅과 세일즈 행위를 통해 제안되고, 테스트 후 검증이 완료되면 양산에 투입되는 방식입니다.

B2B 영업 과정에서 볼 수 있는 B2B 고객의 대표적인 특징은 어떤 것들이 있을까요? 영업 상황을 가정해서 한 번 알아보겠습니다.

A라는 업체에 부품을 공급하기 위해 컨택을 했습니다. 새롭게 창업을 준비하는 기업이 아닌 이상 기존에 사용하는 부품이 반드시 존재합니다. 고객사는 기존 제품(우리 입장에서는 경쟁사 제품)과 자사 제품을 비교합니다. 제품의 품질과 성능, 기술 차별성, 가격, 납기, 기술 지원 및 A/S, 레퍼런스 등 여러 요소를 비교합니다.

영업 담당자라면 이때 무엇을 가장 먼저 해야 할까요? 고객사의 '비즈니스'부터 확실하게 이해하는 것이 필요합니다. A사는 현대자동차 그룹에 ○○ 부품을 납품하는 1차 벤더사입니다(영업을 해야 하는 자사 입장에서는 고객사가 되지만, 이 고객사 역시 현대자동차 그룹에 부품을 납품하는 공급사입니다). A사가 납품하고 있는 현대자동차 그룹은 일본의 도요타, 독일의 폭스바겐에 이은 전 세계 3위 판매량을 갖고 있습니다. 그러면 A사의 부품 판매량은 어떨까요? 안타깝게도 현대차는 국내 공장보다 해외 현지 공장을 이용한 생산량을 더 늘리고 있어서, A사의 부품 수출량은 계속해서 감소 중입니다(해외 공장을 이용해 물건을 만드는 경우, 부품 역시도 해외에서 조달받는 경우가 많습니다). 그리고 해외 공장으로의 운송비와 관세가 더해지게 되면 가격 경쟁력은 해외 공급사 대비해서 떨어집니다. 게다가 일정 비율로 진행되는 단가 인하(CR: Cost Reduction)로 인해 기술 개발 동기부여도 생기지 않는 상황이어서 품질 경쟁력도 점차 하락세에 있습니다.

자사 입장에서는 이런 고민에 있는 A 업체의 고통(Pain)을 알고 공감하는 것이 우선적으로 중요합니다. 끊임없는 가격 인하에 대한 압박, 해외로의 수출 물량은 줄어들고 있는 상황, 현대차 외에는 다른 고객사를 찾기도 쉽지 않은 상황, 그런데 이런 회사에 가서 자사 소개를 하고 부품이 어떻고 스펙이 어떻고 하는 설명이 그들에게 와 닿을까요? 그럼 무엇을 얘기해야 할까요? 이때는 자사 제품을 선택할 경우 어떤 이익이 발생하는지를 손에 잡힐 듯 명확하게 설명하는 것이 더 낫습니다. 빠른 납기, 기술 지원, 안정적인 재고 등을 얘기하기보다는 "더 좋은 품질의 제품을 더 저렴하게 제공할 수 있다", "A 업체와 현대자동차 그룹 모두에게 유리한 요소가 복합적으로 포함되어 있다" 이정도면 상대도 관심을 가지지 않을까 싶습니다. 그리고 상대의 고통에 공감해 실질적인 이익을 더해주는 솔루션을 구체적으로 제공한다면 A사가 자사의 제품을 도입하지 않을 이유가 없을 것입니다.

다른 가상 사례도 살펴보겠습니다. B 반도체 회사에 소재를 공급하는 화학제품 제조사인 자사는 공식적으로 제품을 제안하기 전에, 여러 경로로 B 업체가 어떤 공급사의 제품을 사용하고 있는지부터 상세하게 확인했습니다. 기존 방식은 웨이퍼에 액상 화학 재료를 도포하고 건조 후 다른 화학 약품 슬러리를 이용해 깎아내고 다시 레이어를 쌓아가는 방식인데, 일본 업체(경쟁사)에서 획기적으로 얇은 필름을 개발해 공정을 단순화한 사실을 알아냈습니다. B사 입장에서는 까다롭고 긴 기존 공정이 간편하고 짧게 변했기 때문에 비용과 납기 측면에서 획기적인 경쟁 우위를 확보할 수 있었습니다. 자사도 연구 비용과 인력을 총동원해 일본 업체의 필름과 유사한 것을 개발해보려고 애썼지만 그들의 성능을 단기간 따라가기에는 버거웠습니다. 이런 상황에서 독자 여러분이 영업 담당이라면 어떻게 접근하는 것이 좋을까요?

완벽해보이는 제품에도 약점은 반드시 있습니다. 좋은 제품만 잘 팔리면 영업 담당이 필요 없겠죠? 우선 고객사인 B사의 고통(Pain)을 찾아야 합니다. 어떤 고통이 있을까요? 필자는 그동안 외산 소재, 외산 부품, 외산 장비를 사용하는 고객사들이 이구동성으로 말하는 고통을 여러 산업 현장에서 접한 적이 있습니다. 그리고 교육, 워크샵, 컨설팅, 멘토링을 통해서도 많이 들었습니다.

그들이 말하는 첫 번째 고통은 무엇보다도 '높은 공급가'입니다. 미국, 독일, 일본 등의 외국 소재, 부품, 장비 공급사는 삼성, 현대 같은 대기업에서도 함부로 할 수 없는 '슈퍼 을'인 경우가 많습니다. 예를 들면 한 대당 3천 억 원이 넘는 반도체 노광 장비를 1년에 50대 정도만 만들고, 세계 시장의 90%를 장악하고 있는 네덜란드 기업 ASML은 슈퍼 을 중에서도 슈퍼 을입니다. 마찬가지로 B사 입장에서는 일본의 필름 공급사가 슈퍼 을인 상황입니다. 이런 경우 B사가 일본 업체에 할인 요청을 하면 잘 먹힐까요? 일본 업체는 아마도 여러 가지 이유를 들면서 거절할 게 뻔합니다.

두 번째 고통은 '맞춤 서비스(Customization & Tuning)의 부재'입니다. B사가 반도체 생산 조건에 따라 물성이나 필름의 두께 등을 조정해달라고 일본 업체에게 요청하면 잘 맞춰줄까요? 이미 다른 반도체 제조사의 환경에 최적화된 제품이니 '너네가 알아서 잘 조정해서 써야한다'라는 답변을 내놓을 확률이 높습니다. 일본 업체 입장에서는 고객사별로 일일이 대응하는 것이 비용입니다. 그리고 이슈가 있더라도 거리가 있어서 자주 방문하기가 어렵고, 언어 장벽으로 원활한 기술 지원도 어렵습니다.

이런 상황에서 B사의 불만은 조금씩 쌓여갑니다. B2B 영업 담당자가 고객사의 이런 고통을 찾아낸다면 자사의 솔루션을 제공하기가 비교적 쉬워집니다. 그리고 만약 B사가 반도체 분야의 탑티어(Top tier, 최고 수준의)고객이라면 이익이 남지 않더라도 레퍼런스 획보 차원에서 일본 업체 대비 낮은 가격으로 제품 공급을 제안할 수도 있습니다. 당장의 기술 격차는 있겠지만 일단 가격으로써 마음을 흔들고, 이후 비슷한 수준으로 품질이 올라설 때까지 이를 커버해주는 맞춤 서비스를 제공함으로써 B사의 고통을 해결해 줍니다. 맞춤 서비스의 제공이란 B사 전용으로 설계된 몇 개의 테스트용 필름을 납품하고, 각각의 생산 결과에 따라 세부 튜닝을 하고, 이력 관리를 통해 완벽한 맞춤 서비스를 제공하는 것입니다. 전담 영업 인력을 배치해서 밀착 마크하여 휴일이든 명절이든 밤이든 새벽이든 고객사의 콜이 있으면 언제든 출동하는 것입니다.

실제로 필자는 B2B 영업자 시절 고객사의 외산 소재, 부품, 장비, 공구, 서비스를 자사 제품으로 대체해본 경험이 있습니다. 그리고 이러한 경험은 저만 갖고 있는 것이 아니라 업계 선후배로부터도 듣고, 고객사로부터도 자주 들었습니다.

다시 기본부터 확인해보겠습니다. B2B 고객사의 상황과 비즈니스에 대해서 면밀하게 '관찰'하고 '학습'하는 것이 중요합니다. 구체적인 목표가 드러난다는 것은 B2B가 B2C 대비 갖고 있는 큰 장점입니다. 고객사에 대한 관찰과 학습 이후에는 경쟁사에 대한 관찰과 학습을 이어가야 합니다. 우리 입장이 아닌 고객사 입장에서 공감하여 그들의 고통을 확인해야 합니다. 그러면 자연스럽게 우리가 제공할 수 있는 솔루션이 눈앞에 서서히 나타납니다.

구매 담당자의 개인적인 동기

B2B 고객사의 구매 동기는 거시적인 경제상황, 내부 사정, 기존 공급사(우리에게는 경쟁사)의 상황 등에 따라 바뀌거나 결정됩니다. 다만 예측할 수 없는 개인적인 동기에 의해 구매가 결정될 때도 있습니다. 이를 사전에 파악하기 위해서는 언제나 상대방의 입장에서 생각해봐야 합니다. 앞서 관찰과 학습이 중요하다고 했습니다.

우리는 일상에서 작은 자극에도 구매 동기부여를 받습니다. 쇼핑몰을 접속해서 구매 후기를 보다가도 포모(FOMO: Fear of Missing Out, 가격 할인이나 1+1 그리고 매진 임박 같은 좋은 기회를 놓치고 싶지 않은 마음) 심리에 굴복하거나 SNS에서 지인이 남긴 특정 제품의 후기 등에 설득당해 결제 버튼을 누를 때도 있습니다. 그런데 B2C 고객이 아닌 B2B 고객이 일시적인 감정이나 욕망으로 기계나 장비, 소재, 부품을 구매하는 경우는 없습니다. 조직적으로 구매 여부를 판단하고 여러 결정 단계를 거칩니다. 대부분 타당하고 합당한 이유로 구매하려는 경향을 보입니다. 물론 아주 극단적이긴 하지만 예외는 있습니다. 기업 소유자(Owner)의 개인적인 욕망으로 고가의 제품을 대량으로 구매하거나 이익이 남지 않는 대형 베이커리 카페를 오픈하는 등의 비합리적인 선택을 하는 경우입니다. 기업 승계나 비자금, 재산 상속 등의 이유가 있을 수 있습니다. 이런 상황이면 아무리 좋은 제품, 서비스를 갖고 가서 영업한다 하더라도 구매자를 설득해서 우리 제품으로 마음을 돌리기가 쉽지 않습니다.

또 다른 사례입니다. 1년 전 모 산업기계 영업담당 대리, 과장들을 대상으로 B2B 세일즈, 마케팅 강의를 진행했을 때 겪었던 사례입니다. 4시간 강의 중 2시간이 지나고 쉬는 시간에 심각한 표정의 수강생(대리 직급의) 한 분이 커피를 한 잔 주면서 이렇게 물어왔습니다.

"강사님, 정말 도저히 이해가 안 되는 고객이 있습니다. 분명히 우리 회사의 지게차가 경쟁사보다 저렴하고 성능도 좋은데 왜 우리 제품을 선택하지 않는걸까요? 이해가 되세요? 이건 '배임' 아닌가요?"

이 질문에 필자는 이렇게 답했습니다.

"대리님, 그 구매 담당은 그 기업의 주인(Owner)나 결정권자(Decider)가 아닌 구매라는 기능을 대행하는 바잉센터일 뿐입니다. 그들에게 동기가 생겨야 새로운 공급자가 진입할 기회가 만들어집니다. 예를 들면, 경영진에서 구매팀에게 어마어마한 비용 절감 압박을 가한다면 동기부여가 되겠죠? 스마트 팩토리, 창고 자동화를 위해서 신개념의 스마트 지게차를 도입해야 한다면 이 또한 동기부여로 작동합니다. 아마도 지금은 지게차가 우선순위에서 밀려나 있는 것 같습니다. 고객(Account)의 상황을 세세하게 유심히 관찰하고 있다가 경쟁사의 품질 문제나 AS 문제, 경제 환경의 변화로 인한 비용 절감 이슈 같은 상황이 나타날 때 이 타이밍을 놓치지 않고 공격할 수 있도록 두 눈을 부릅뜨고 지켜봐야 합니다."

이번에는 제가 직접 겪었던 사례입니다. 2007년 대만의 메모리 반도체 업체들이 시작한 치킨 게임 시기에 저는 TSMC에 웨이퍼 가공용 공구 납품을 위해 접촉 중이었습니다. 통상 B2B 영업사원들이 고객사에 접근하는 방법에는 순서가 있습니다. 새로운 부품이나 공구가 들어오는 것을 '제조팀'이나 '공정기술팀' 혹은 '품질팀'은 좋아하지 않습니다. 잘 만들어놓은 최적의 환경에 새로운 '변수'가 나타나는 것을 반기지 않기 때문입니다.

그러면 B2B 영업 사원들은 어떤 방식으로 고객에게 접근해야 할까요? 가장 먼저 '구매팀'에서부터 시작합니다. 당시 TSMC의 구매팀은 새로운 제품(신규 공급사의) 구매에 대한 동기부여가 상당히 잘 되어 있었습니다. 그 이유는 새로운 부품이나 공구 도입으로 비용이 절감되면 그 절감액의 1%을 인센티브로 받는 규정이 있었기 때문입니다. 만약 10억 원을 절감한다면 1천만 원의 인센티브를 챙길 수 있습니다. 한국보다 실질 임금이 적었던 대만 직장인 입장에서는 굉장히 큰 금액이었습니다. 그때부터 같은 또래인 대만인 여자 구매 과장은 저와 한팀이 되어 제품 개발팀, 공정 기술팀, 제조팀, 품질팀을 공략하기 시작했습니다. 정보를 주고받고, 같이 자료를 만들고, 함께 고민하는 동료가 되었습니다. 고객사와 한 팀이 될 정도인데, 납품 가능성이 높지 않을 수 없었습니다.

정리하면 이렇습니다. 항상 상대방 입장에서 우리 제품을 구매해야 할 '이유'가 충분한지를 확인해야 합니다. 제품의 우수성, 조직적 필요성뿐만이 아니라 개인적인 동기도 포함해서 말입니다.

바잉센터별 페인 포인트

고객사의 팩트를 체크하고 조직별로 갖고 있는 고통 그리고 조직에 속한 개인의 고통을 하나씩 확인하는 것이 중요합니다. 그 이유는 구매 의사결정이 어디서 어떻게 터져 나올지 모르기 때문입니다. 좀 더 구체적으로 체크해보겠습니다.

소비자의 욕구(Desire)를 자극하고 설사 필요가 없는 물건이라 하더라도 트렌드와 키워드를 만들어서 유행을 만들고(예를 들면 잇템, 가심비, 플렉스 등) 계속해서 구매하도록 '뽐뿌'를 가하는 것이 B2C 마케팅입니다. 하지만 이것보다 더 중요한 것은 바로 최종 소비자의 고통(Pain) 해결입니다. 이는 B2C, B2B 모두 공통으로 적용되는 얘기입니다.

욕구는 당장 해결되지 않아도 크게 문제가 되지 않지만 개인이나 조직의 고통은 생존에 크게 영향을 미칩니다. 필자를 포함해 여러 비즈니스 컨설턴트들이 모여 일반인에게 가장 쉽게 B2B 마케팅의 본질을 설명하려면 어떻게 하는 것이 좋을까를 논의한 적이 있습니다. 이때도 이구동성으로 가장 많이 등장한 단어가 '고통'(Pain)이었습니다.

그럼 지금부터 구매 의사결정에 영향력을 미치는 바잉센터별 고통에 대해 알아보겠습니다. 접근하기 쉽도록 생산팀(User), 구매팀(Buyer), 품질팀(Influencer), 사장(Decider) 이렇게 네 가지로만 구분해서 살펴보겠습니다.

1) 생산팀(User)

생산팀의 고통은 뭘까요? 가격? 불량? 이런 것들은 구매팀과 품질팀의 고통입니다. 생산팀의 고통은 작업 과정에서의 '불편함'(Inconvenience)입니다. 이 포인트를 활용하려면 새로운 장비가 갖고 있는 편리함을 강조해야 합니다. "새로운 장비를 도입하게 되면, 기존 장비 조작에서 귀찮은 설정이나 힘들고 불편했던 것을 개선해서 당신을 더 편하게 만들어 줍니다"라고 제안하는 것입니다. 여기에 더해 생산 목표 달성 시 인센티브를 지급하는 제도가 있음을 알게 됐다면 어떨까요? "새로운 장비 도입은 즉각적인 생산성 향상으로 당신에게 인센티브를 가져다줄 거에요"라고 설득하는 것입니다.

몸을 편하게 해주고, 돈도 더 벌게 해 준다는 제안이 생산팀을 설득하는 가장 좋은 방법이 됩니다. 그런데 그렇지 않고 새로운 장비가 생산 자동화 구축에 도움이 된다고 말하면 이떻게 될까요? 마치 카페 아르바이트생에게 '로봇 바리스타'를, 고속도로 검표원에게 '하이패스 시스템'을 영업하는 것과 같습니다. 그야말로 '뻘짓'입니다.

2)구매팀(Buyer)

구매팀의 고통은 무엇일까요? 한마디로 '돈'입니다. 돈은 두 가지가 있습니다. 수면 위로 드러나는 돈과 수면 밑에 숨어 있는 돈입니다. 수면 위의 돈은 장비 가격(Unit Price)이고, 수면 밑의 돈은 유지 비용(Management Cost)입니다.

기존에 사용하고 있던 장비가 중국제 8천만 원짜리 장비라고 가정해 봅시다. 그런데 우리 한국제는 1억 원입니다. 그럼에도 판매가 가능할까요? 중국제 장비의 1년 유지 비용이 5천만 원이고, 한국제 장비의 1년 유지 비용이 2천만 원이라면 가능합니다. 구매팀에게 중요한 것은 장비의 가격과 동시에 유지에 필요한 비용입니다. 그리고 B2B 브랜드가 가져다주는 신뢰도와 품질도 중요합니다.

3) 품질팀(Influencer)

품질팀의 고통은 간단합니다. 바로 '불량'입니다. 시계나 스마트폰이 고장 나면 고치면 그만입니다. 고치는 동안 아주 조금 불편할 뿐입니다. 그러나 B2B에서 장비가 고장 난다면? 라인이 멈춰버린다면? 회사 규모에 따라 몇백억 원 혹은 몇천억 원에 달하는 손실이 따라올지도 모릅니다.

2019년 화성 변전소 송전 케이블이 터지면서 동탄 일대에 대규모 정전이 발생했고 인근의 삼성전자 메모리 반도체 공장에도 전력이 공급되지 않아 생산 라인이 1분 정도 멈춘 적이 있습니다. 수백 단계의 공정이 연속적으로 이어지는 반도체 공정에서 정전이 발생하면 공정에 있던 모든 제품은 못쓰게 됩니다. 단 1분의 정전으로 수십억 원, 수백억 원의 피해가 발생합니다. 그래서 새로운 장비나 소재의 사용은 항상 조심스럽고 꺼리게 됩니다. 따라서 이들에게는 새로운 것을 사용하는 것이 오히려 불량률을 낮출 수 있다고 제안하고, 실제 사용하고 있는 다른 기업의 레퍼런스를 확인시켜 안정성에 대한 신뢰감을 주는 것이 중요합니다. 그리고 안전에 대한 어필도 중요합니다. 공장에서 사람이 죽거나 다치는 것은 어마어마한 리스크이기 때문에 품질팀은 항상 이러한 부분에 신경을 곤두세우고 있습니다.

완성품의 불량률은 품질팀에게 큰 걱정거리입니다. 전기톱과 같은 공구를 만드는 회사라면 불량이 자칫 심각한 인명 사고로도 이어질 수 있습니다. 식품이나 의약품처럼 최종 소비자에게 직접적인 영향을 끼칠 수 있는 제품은 안전에 대한 관리가 더욱 중요합니다. 유명한 사례로 1982년 미국 시카고에서 의약품 타이레놀에 누군가가 독극물을 주입하여 사람들이 죽는 사고가 발생한 적이 있습니다. 이 사건은 미국 사회를 엄청나게 뒤흔들었습니다. 사건 발생 이후 제조사는 즉각적인 제품 수거와 섭취를 하지 말라는 광고 방송을 하는 등 한발 빠른 위기 관리 대응을 했습니다. 그리고 이후로는 제품 포장 방식을 바꿔 같은 사고가 반복되지 않도록 대처했습니다. 이 사례는 위험 관리의 모범 사례로 많이 인용되고 있습니다.

4)사장/대표이사(Decider)
사장/대표이사는 의사결정권자(디사이더, Decider)입니다. 작은 회사라면 사장이나 대표(이사)가 의사결정을 직접 담당할 것이며 큰 회사라면 부장이나 팀장이 될 수 있습니다.

이들이 느끼는 고통은 무엇일까요? 의사결정권자를 찾아가기 전에 알아두어야 할 점은 이들이 보통 엄청나게 바쁘다는 사실입니다. 여러 가지 사안을 의사결정을 하는 위치에 있다 보니 회의도 많고 만나는 사람도 많습니다. 우리 같은 공급사의 영업 담당자는 수없이 만나야 할 한 사람일 뿐입니다. 그래서 만나더라도 1~2분 내외의 짧은 시간밖에 내기가 어렵습니다.

영업 담당자는 이 시간 안에 메시지를 던지고 결과를 도출해내야 합니다. 실제 필자는 로비나 접견실에서 기다리고 있다가 의사결정권자가 나타나면 빠르게 뛰어가 함께 걸어가면서 얘기한다거나 엘리베이터에 함께 탑승해서 잠시 이동하는 시간을 이용해 필요한 제안을 하곤 했습니다. 영업 테크닉 중에는 '엘리베이터 피치'(Elevator Pitch)라고 불리는 방법이 있습니다. 다들 한 번씩 들어보셨을 것입니다.

B2B 고객은 '아메바'

앞서 B2B 영업 담당자를 두고 '의사'라는 비유를 든 적이 있습니다. 다양한 환자의 요구(고통)를 잘 캐치해서 적절한 처방을 내려줘야 한다는 뜻이었습니다. 그러면 B2B 고객은 뭘까요? B2B 고객은 자신이 놓인 상황에 따라 요구 사항이 변화무쌍합니다. 그래서 마치 자신의 모습을 계속해서 바꾸는 '아메바'와 같습니다.

2019년 D 대기업의 외국인 딜러를 대상으로 B2B 마케팅 교육을 종일 진행한 적이 있습니다. 그때 저는 이런 질문을 했습니다. "B2B 고객(Account)을 동물로 표현하면 뭘까요?" 그랬더니 머리가 희끗희끗한 남미 출신의 딜러가 "B2B 고객은 아메바다"라고 답했습니다. 다른 딜러들이 "왜요? 뇌가 없어서 아메바인가요?"하며 물었습니다. 그러자 그는 "환경에 따라 형태가 변하니까 아메바지. 아 그러면 카멜레온이 될 수도 있겠네."라고 답하며 다 같이 웃었습니다.

아메바처럼 환경에 따라 제 모습을 바꾸는 B2B 고객에는 어떤 페인 포인트가 있을까요? 이번에는 마잉센디벌이 아닌 B2B 고객 전반에 대한 얘기를 해보겠습니다. 앞서 얘기한 "B2B 고객의 특징"과도 다소 중복이 있습니다. 다만 좀 더 세부적으로 정리해보았습니다.

고객사의 첫 번째 니즈는 뭐니뭐니해도 '비용 절감'입니다. 즉, 비용에 대한 고통이 가장 큽니다. B2B 영업 경험이 있는 분들이라면, 고객사의 공급가 할인 압박이 얼마나 거센지 잘 알고 있을 것입니다. 예를 들어 자동차 업계의 부품 공급사(벤더사)들은 매년 공급가 할인 압박에 시달리고 있습니다. 그러다 보니 공급사 입장에서는 혁신적인 제품 개발로 생산 비용을 절감했다 하더라도 결국에는 자신들의 수익으로 연결되는 일이 드뭅니다. 이런 현실은 부품 공급사들이 제품 개발이나 혁신의 이유를 찾지 못하는, 한마디로 동기부여가 되지 않는 갑질입니다. 얘기가 옆으로 샌 것 같지만 어쨌든 고객사가 원하는 것은 밸류 체인의 효율적인 관리와 비용 절감입니다.

두 번째 니즈는 '생산 효율화'입니다. 고객사 공정의 병목 현상을 개선하거나 불량률을 현저하게 개선하는 등 생산 효율화에 극적으로 기여한 제품이라면 가격을 더 주고서라도 사용하려고 합니다. B2B 영업 담당자는 자사의 제품 때문에 고객사가 얻는 이익까지 계산해서 가격을 제시해야 합니다. 보통 대형 고객사들은 초반에는 주로 선진국의 고효율 제품(고가)을 사용하면서 생산 효율화를 하고, 나중에는 국내 공급사에게 유사한 수준의 제품을 공급하도록 요청합니다. 공급사는 선진국 제품의 성능을 따라잡을 수 있도록 노력하는 것은 물론이고 고객사의 커스터마이제이션이나 튜닝 요청까지도 맞춰내야 합니다. 그러면서 가격까지도 다운해야 합니다.

세 번째는 니즈는 '빠른 납기'입니다. 쿠팡이나 네이버 쇼핑에서 전자 기기나 식품을 구매하면 집까지 도착하는데 빠르면 하루, 적어도 1-2일이면 가능합니다. 그런데 1주일이 걸린다면? 조바심이 나겠지만 어느 정도는 참고 기다릴 수 있습니다. 하지만 B2B 고객은 어떨까요? TV용 LCD를 만드는 회사가 있습니다. LCD 유리 가공용 공구가 필요합니다. 이를 공급사에게 요청했는데 아직 물건이 도착하지 않았습니다. 고객사 입장에서는 자칫 엄청난 손해를 볼 수 있습니다. 만에 하나, 손해가 발생한다면 고스란히 공구 납품 회사로 비용 청구를 할 수도 있습니다. 급기야 TV가 소비자들로부터 날개돋친 듯 팔려나가고 있다면 고객사는 더는 참지 못하고 가격이 조금 비싸더라도 납기가 빠른 공구를 선택합니다. 제때 공급을 맞추지 못한다면 기대 재개는 불가능할 것입니다.

네 번째는 니즈는 '신제품 개발에 부합하는 제품(부품) 확보'입니다. 스마트폰 제조사의 개발팀이라고 가정해보겠습니다. 기존의 바(Bar) 형태의 스마트폰에서 접는 형태의 폼팩터(Form Factor)로 바뀌는 트렌드에 맞춰 B2B 공급사도 빠르게 신제품을 개발해야 합니다. 그런데 접는 형태의 스마트폰에 들어가는 유리, PCB 등의 부품 제조사가 한두 곳밖에 없다면? 오히려 공급사가 갑의 위치에 올라서게 됩니다. 이렇게 되면 고객사 입장에서 가장 시급한 니즈(혹은 고통)는 신제품 개발에 도움이 되는 부품의 확보입니다(AI용 반도체에 엔비디아 외에 선택지가 많이 없다는 것도 비슷한 사례). 비용 절감이나 생산 효율 납기보다 이 점이 더 우선시 됩니다. 만약 이때 우리가 그 역할을 대신할 수 있다면, 엄청난 기회를 잡는 것입니다. 그러다가 제조 가능한 부품사가 늘어나면 다시 비용 절감, 생산 효율, 납기 등의 니즈가 더 부각됩니다.

다섯 번째 니즈는 '좋은 AS'입니다. 2011년 일본의 태양광

셀 제조사에 출장을 갔을 때의 이야기입니다. 또래의 담당 일본인 엔지니어와 같이 식사하면서 역사, 게임 등 공통된 관심사로 대화를 나누다 많이 친해졌습니다. 출장을 마치고 한국 본사에 출근했을 때 묘한 메일 하나가 도착했습니다. '공급사 관리파일.xls'이라는 이름의 엑셀 파일로 포함된 시트가 무려 백 장 이상이었고 공급사별 비용, 품질, 납기, 구입 비율, 종합 평가 등이 깨알같이 적혀있었습니다. 아무래도 실수로 저에게 보낸 것 같았습니다. 그런데 파일에 적힌 내용이 의미심장했습니다. "S 업체는 가격, 품질, 납기 다 좋은데, AS가 굉장히 안 좋음. 문제 발생 시 대응이 느리고 담당 영업 사원의 대처능력도 떨어짐. 구입 비율 변경 예정." 파일의 평가 내용 그대로라면 AS는 공급사 교체의 대표적인 원인이 됩니다. 여담입니다만, 메일을 실수로 보낸 엔지니어는 바로 전화가 와서 "기무상, 저는 당신을 형제로 생각합니다. 실수로 보낸 메일은 부디 삭제해주시기 바랍니다"라고 했습니다(ㅎㅎ).

여섯 번째 니즈는 '안전'입니다. 생산 공정에서의 안전 중요성을 두 번 정도 경험한 적이 있습니다. 중국에서 일하던 2002년, 필자가 일하던 회사 공장의 기계 중에 연속으로 구멍을 뚫어주던 펀칭기가 있었습니다. 이 제품은 펀칭이 될 때 왼손, 오른손으로 같이 눌러줘야 작동이 되는 제품으로 손이 기계에 말려들어 가지 않도록 두 손을 사용하는 설계를 갖고 있었습니다. 그런데 중국인 직원이 오른쪽 버튼을 청테이프로 붙여놓고 왼손으로만 조작하다 오른손이 다치는 일이 일어났습니다. 그리고 또 다른 경험은 2007년 대만에서 주재원으로 일하던 때였는데, 이 역시 특정 기능을 끄고 조작하다가 사고로 직원이 사망하는 일이 발생했습니다. 이런 사고가 일어나면 여러 가지로 문제가 복잡해집니다. 직접적인 과실의 원인이 공구를 납품한 회사가 아니라 하더라도 해당 제품을 설계하고 제공한 공급사에게 불똥이 튈 수 있기 때문입니다.

일곱 번째 니즈는 '영업 사원의 신뢰도'입니다. 평판(Reputation), 명성, 신뢰도는 B2B 기업 입장에서 시간으로밖에 증명이 되지 않습니다. 오랜 시간 동안 여러 고객사로 제품이나 서비스를 공급하면서 큰 문제가 없었고, 이슈가 있더라도 이를 잘 해결해 왔다면 공급사의 신뢰는 증명이 된 것이나 다름 없습니다. 즉 레퍼런스가 중요하다는 뜻입니다. 레퍼런스 이후로는 영업 담당자의 신뢰도가 중요합니다. 전문 지식, 고객에 대한 이해, 산업과 비즈니스에 대한 지식, 커뮤니케이션 스킬과 태도 등입니다. 영업 사원의 신뢰도가 높으면 그를 따라 공급사를 바꾸는 일도 있습니다. 예를 들어 국내 부품사 소속의 영업 사원이 있습니다. 고객사와 오랫동안 좋은 신뢰 관계를 유지해왔는데, 그가 회사를 그만두고 외국산 부품의 딜러(영업 담당)가 되었습니다. 그는 고객사 근처에 창고를 별도로 내고 부품의 납기와 서비스를 이전 국내사 수준보다 더 강화하겠다고 합니다. 이 정도가 되면 기존의 국내 부품사 대신 신뢰하는 영업 담당자가 있는 외국산 부품사로 공급처가 바뀔 가능성이 높아집니다.

여덟 번째는 '백마진'입니다. 백마진(Back Margin)이란 고객에게 100만 원짜리 제품을 정가에 팔았음에도 회사에는 70만 원 할인가로 팔았다고 하고 30만 원을 착복하거나, 고객에게 110만 원에 판매하고 10만 원을 현금으로 담당자에게 주는 것을 말합니다. B2B 영업에서는 후자가 대부분입니다. 상품권을 대량으로 구매해서 고객사 담당자에게 뿌리는 경우도 있고, 고객사의 감사팀이 감시하는 지역을 벗어나 과도하게 접대를 하는 경우도 있고, 종이 가방에 현금을 넣어서 주거나 고급차를 리스나 렌탈로 제공하는 방법도 있습니다. 모두 불법으로 '야로', '모찌', 'Under table money'라고 불립니다. 중국에서 영업할 때 구매 담당자가 휴지에 '3'이라는 숫자를 적어서 슬쩍 테이블 밑으로 보여준 적이 있습니다. 공급가의 3%를 백마진으로 챙겨달라는 의미였습니다. 통상 고객사가 공식적으로 백마진을 언급하진 않습니다. 고객사의 담당자가 자신의 개인적인 이익을 위해 백마진을 요청하는 경우가 더 많습니다. 이를 무시하느냐 받아들일 거냐는 결국 공급사의 선택, 영업 담당자의 선택입니다.

레퍼런스

레퍼런스(Reference)의 사전적인 의미는 언급한 것, 참고, 참조, 조회 등입니다. 특히 영업에서의 '레퍼런스'는 높은 기술 장벽과 보수적인 성향이 강한 산업 분야에서 도입 결정의 특효를 부리는 마법의 열쇠입니다. 고객사 입장에서는 당연히 검증된 제품을 사용하고 싶어 합니다.

작은 회사나 스타트업에서 영업을 시작할 경우, 벽에 가장 먼저 부딪히는 것이 바로 '세일즈 레퍼런스'입니다. "주요 고객사가 어딘가요?"라는 고객사의 질문에 제대로 답을 하지 못한다면 공급의 기회는 얻기가 쉽지 않습니다. 입장을 바꿔서 생각해보면 분명해집니다. 아무리 좋아 보이는 혁신적인 제품이라도 오랜 기간 사용해온 주요 고객사가 없다면 자기들이 혹시 실험실의 쥐처럼 되지 않을까 싶어 쉽게 기회를 주기가 어렵습니다. 반면 공급사가 해당 산업의 탑티어 고객사를 레퍼런스로 가지고 있다면 영업은 정말 쉬워집니다. 특히 B2B, B2G에서 세일즈 레퍼런스의 중요도는 다른 무엇과도 비교할 수 없을 정도입니다.

고객사를 만나는 미팅의 풍경을 머릿속으로 그려보겠습니다. 다림질이 잘 된 정장을 차려입고 고객사를 방문해 담당자와 명함을 교환합니다. 프로젝터에 노트북을 연결해서 재생 시간 10분이 넘는 회사 소개 영상을 웅장한 BGM과 함께 플레이

합니다. 깔끔하고 멋있게 외주로 제작된 영업용 PPT 파일을 열어 TV 뉴스에 나올법한 화려한 다이어그램으로 자사를 소개합니다. 미팅 상대의 비즈니스와는 크게 상관이 없지만, 그간 여러 분야에서 많은 성과가 있었다는 것도 설명하고 자사의 제품들을 하나씩 소개합니다. 흔들리는 눈빛과 펜을 돌리는 손짓으로 지루함을 표현하는 고객을 애써 외면하면서 자사의 인력 구조와 영업 사무소, 매출 그래프, 품질 관리 체계, 지적 재산권 보유 현황, CS 체계 등을 보여주며 발표를 이어갑니다. 드디어 'Thank you very much' 문장이 적힌 슬라이드를 마지막으로 "질문 있으시면 부탁드리겠습니다"라고 마지막 멘트를 합니다.

기다렸다는 듯이 바로 질문이 이어집니다. "주요 고객사는 어딘가요?" 이 질문에 "아직까지는 없지만, 귀사가 협조해주시면 열심히 잘 해보겠다" 식으로 답한다면 상대는 "네, 잘 알겠습니다. 검토 후 다시 연락드리겠습니다. 수고하셨습니다. 안녕히 가세요." 이렇게 말하고서 그것으로 끝이 될 확률이 높습니다.

반대의 경우는 어떨까요? 필자가 2007년 중국의 반도체 파운드리 업체인 SMIC의 상해 공장 미팅에서 고객사의 페인 포인트, 회사의 솔루션 설명에 이어서 자사 소개나 제품 소개에 대한 내용 없이 프레젠터 버튼을 누를 때마다 고객사의 이름이 하나씩 나타나도록 했습니다. 고객사는 TSMC와 삼성전자였습니다. 영어와 중국어로 "자사 ○○ 제품의 주요 고객사는 한 국의 삼성전자와 대만의 TSMC입니다." 단 한 마디뿐이었지만 미팅에 참석한 3-4명의 직원 중 제일 상급자는 "그거면 충분 하네요. 다 알고 있는 사실 떠들어봤자 귀만 아프고 시간 낭비 니, 밥이나 먹으러 나갑시다"라며 자리를 이동해 식사와 술을 하면서 '공급 가격'이나 '납기', '이슈' 등의 여러 가지 문제를 논의했습니다. 이후 메일로 테스트 일정까지 협의했습니다. 전 형적인 회사 소개를 할 때마다 고객사들의 반응은 "됐고, 바쁘 니까 바로 본론으로 들어갑시다, 레퍼런스와 공급가를 알려주 세요"를 가장 많이 외칩니다.

컨설팅과 기업 강사 활동을 한 지 10년이 넘은 필자가 지금 은 다양한 산업별로 B2B, B2G 고객 레퍼런스를 보유하고 있지 만 처음에는 레퍼런스 확보가 여의치 않아 힘들었던 경험이 있 습니다. 매일 컴퓨터 앞에서 숙제처럼 했던 일이 주요 공공 기 관과 대학교 그리고 기업의 교육 담당자들의 메일 주소와 연 락처를 찾아 엑셀로 주소록을 만드는 일이었습니다. 너무 자주 메일과 문자를 보낸다고 욕도 많이 먹었습니다. 그럼에도 그렇 게 하다 보면 전화가 와서 '미팅 한번 하자'라는 반응이 생기고, 미팅에서 기회를 달라며 한 번 더 얘기할 수 있었습니다. 반면 요즘은 기업에서 교육 의뢰가 들어오면 그 산업의 탑티어 기업 에서 진행했던 교육 레퍼런스를 공유하고 의견을 나누는 것으로 시작합니다. 훨씬 간편해졌다고 할 수 있습니다.

B2B, B2G 영업에서 레퍼런스는 영업 담당자의 어깨에 '뽕'을 넣어줄 수 있는 크고 든든한 백입니다.

4단계.
제품 개발

개발 사례

최종 사용자의 선호를 이해하고 반영하는 것은 제품 성공과 시장 수용에 큰 영향을 미칩니다. B2B 영업자도 관심을 갖고서 최종 고객인 엔드 유저가 이 제품을 어떻게 느끼고 반응하는지 잘 생각했다가 개발팀이나 기획팀에 의견을 개진해야 합니다. 좋은 제품은 선택받을 기회를 만듭니다. B2B 제품 개발 단계에서 사용자 관점이 얼마나 중요한지 잘 보여주는 에피소드를 모아보았습니다.

1)투명 디스플레이 냉장고

13년 전 고려대학교 MBA에서 경영학 석사 과정 수업을 들었을 때의 일입니다. 매일 퇴근 후 수업을 들어야 했던 힘든 과정이었습니다. 어느 날 S 전자 연구원이던 동기가 흥미로운 주제를 하나 가지고 왔습니다. '투명한 디스플레이가 전면에 달린 냉장고'였습니다. 때는 민들레 씨앗이 바람에 퍼져가는 배경 화면이 정말 멋있던 갤럭시S3 출시되던 해였습니다. 새로운 IT 디바이스와 SNS 등 신기술의 두근거림이 사회적으로 넘치던 시기였습니다. 동기가 가져온 투명 디스플레이의 냉장고는 각기 다른 회사의 '남자' 영업부장, '남자' 인사팀장, '남자' 마케팅 파트장, '남자' 기업 강사로 구성되어 있던 스터디 그룹의 멤버들을 흥분시키기에 충분했습니다. 이들은 모여서 어떤 아이디어를 추가로 더 도출했을까요?

- 증강 현실(AR: Augmented Reality)을 활용하여 식자재의 상태나 온도를 센서로 감지해 유통 기한이 지나버린 것은 주변이 빨갛게, 신선한 것은 초록색으로 변해 바로 확인할 수 있게 한다.
- 냉장고 안의 식자재 종류를 확인하여 추천 조리법(레시피)이 투명 디스플레이에 자동으로 뜨게 한다.
- 식자재(예를 들면, 계란)가 있어야 할 공간에 수량이 충분하지 않으면, 이를 인식하고 자동으로 온라인 상점에 주문한다.
- 날씨, 뉴스, 주식 등 주요 관심사 사항을 디스플레이에 계속

표시되게 한다.
- 스마트폰의 사진과 동영상을 냉장고로 보내 디스플레이에 사진이 바로 표시되어 액자같이 나오게 한다.
- TV나 스포츠 영상, 영화 등 동영상 컨텐츠도 볼 수 있고 스마트폰 화면을 미러링 해서도 볼 수 있다.

이러한 아이디어에 30대 남자들은 자신들의 창의성에 감탄하고 또 살짝 흥분해 얼굴이 상기되어 있었습니다. 그때 40대 초반의 여자 동기가 지나가면서 물어봤습니다. "뭐가 그렇게 새미있어?", "아! 투명한 디스플레이가 달린 냉장고를 활용하는 아이디어를 도출해보고 있어요." 그러자 그 여자 동기의 표정이 살짝 일그러지면서 다음과 같이 말했습니다.

"투명한 냉장고? 미쳤니? 누가 좋아하는데?"

30대 남자들은 일순간 얼어붙었습니다. 뭔가 깨달았던 것입니다. 냉장고의 주 사용자(User)는 남자가 아니라 '가정주부'였다는 것을요. 주로 40-50대 여성의 사용 비율이 가장 높습니다(최근에는 남성분들도 요리에 대한 관심, 가사 부담 등의 이유로 여성들만큼이나 냉장고 사용을 많이 합니다만). 그런데 30대 남자들이 모여서 자신은 별로 쓰지도 않을 제품을 상상력을 총동원해 만들고 있었던 것입니다.

그 여자 동기에게 다시 물어봤습니다.

"그러면 어떤 냉장고를 원하세요?"

"안이 안 보이는 냉장고지! 안이 훤하게 보이는 냉장고? 생각해봐! 매일매일 청소해야 하는 그 귀찮음! 투명한 냉장고는 말이 안 되지!"

그렇습니다. 냉장고의 주요 사용자(User)인 가정주부는 정리되지 않은 냉장고 안을 보여주기가 싫고, 보인다면 매일 청소해야 할 것 같은 귀찮음이 그들의 고통이었습니다. 이후 여자 동기들까지 팀에 합류시킨 후 다시 한 번 더 아이디어 도출을 해보았습니다. 어떤 아이디어든 간에 기본값(Default)은 무조건 '불투명'이었습니다.

저는 지금까지도 마케팅 교육을 할 때마다 여성분들에게 이 사례를 공유하고 어떤 냉장고여야 하는지 수없이 물어보았습니다. 어떤 아이디어가 나왔을까요?

- 기본값은 '불투명'이어야 한다.
- 디자인 요소를 추가해야 한다. 앱스토어에서 테마 디자인을 다운로드받을 수 있도록 해야 한다. (예: 여름에는 '바다', 가을에는 '단풍', 겨울에는 '설경' 같은)
- 청소가 완료된 깨끗한 냉장고 내부 사진을 보여준다.
- 가족의 사진과 동영상으로 앨범같이 꾸밀 수 있도록 한다.
- 이미지 센서가 주변 환경(색)을 감지하게 하고, 카멜레온처럼

색을 바꿔서 냉장고가 인테리어의 한 부분이 되도록 한다.

아시다시피 실제 이런 아이디어가 들어간 '색이 변하는 냉장고'가 2022년에 출시되었습니다.

2)고구마 세탁기

필자가 대만에서 주재원으로 근무하고 있던 2008년, TSMC가 있던 대만 신주(新竹)시의 신주사이언스파크(新竹科學園區)는 미국과 일본, 유럽에서 건너온 엔지니어나 영업 사원들로 활기차고 희망이 넘치는 곳이었습니다. 하지만 리먼 사태를 시작으로 미국의 서브프라임 모기지 부실이 초대형 금융 위기로 발전하자 해외 주재원들은 썰물처럼 본국으로 빠져나갔습니다. 그들이 묵던 호텔은 문을 닫고, 고급 아파트의 임대료는 뚝 떨어졌으며, 고급 식당과 술집들도 줄줄이 사라졌습니다. 저 또한 2009년 초 한국으로 복귀해야만 했습니다. 만약 그때의 금융 위기가 아니었으면 지금도 대만에서 반도체 산업에 종사하며 살고 있을지도 모르겠습니다.

이런 분위기에서 당시 중국 정부는 서부 지역의 7억 명 이상의 농촌 인구를 대상으로 컬러 TV, 세탁기, 냉장고, 휴대 전화 같은 4대 가전제품을 구입할 때 가격의 15-30%까지 정부가 지원해주는 '가전하향'(家電下鄕)이라는 내수 진작 정책을 폈습니다. 이때 상해나 북경에서는 일본과 한국의 세탁기가 팔려나가고 있었지만, 중국의 전자 제품 메이커인 하이얼은 이를 이용해 틈새시장이던 서부 지역을 공략하고 있었습니다. 정부 정책에 힘입어 하이얼의 판매 실적은 계속해서 상승 곡선을 그렸습니다. 그런데 실적이 좋아질수록 황당한 문제가 생기기 시작했습니다. 배수관이 막히는 세탁기가 엄청난 숫자로 늘어난 것입니다. 파견된 A/S 기사들은 고상 원인을 확인하고서 아연실색했습니다. 흙이 묻어있던 작업복을 그대로 세탁기에 돌린 게 문제가 된 것이었습니다. 심지어 세탁기에 감자, 고구마를 넣고 돌리는 일도 있었습니다.

만약 여러분이 이 문제를 해결하는 CS 담당자라면 어떻게 했을까요? 메뉴얼을 보강하고 고객 교육을 강화했겠죠? "세탁기는 옷을 세탁하는 기계입니다. 농산물을 세탁기에 넣고 세척하면 안됩니다."라는 홍보 활동을 개시했을 것입니다. 그런데 여기에서 진짜 혁신이 일어났습니다. 일본 기업도 한국 업체도 생각하지 못했던 세탁기를 중국 업체인 하이얼이 출시했던 것입니다.

"왜 세탁기는 옷만 씻어야 하나? 고객의 사용 환경에 맞게 흙 묻은 작업복, 수확한 농산물도 함께 씻을 수 있지 않을까?"

기존의 전자 제품 업체에서는 이런 생각을 할 수 없었지만 하이얼은 후발 주자였기 때문에 과감히 이런 생각을 할 수 있었습니다. 그래서 배수관의 지름을 더 크게 하고, 필터와 여과 장치를 추가로 설치하고, 모터의 성능도 개선했습니다. 결국 세탁기에 고구마를 넣고 돌릴 수 있는 '고구마 세탁기'가 만들어졌습니다.

혁신적인 필름을 개발해 카메라와 필름 시장을 석권했지만 디지털화를 애써 무시하다가 순식간에 쏙망해버린 코닥이나 스마트폰의 개념을 최초로 완성했지만, 일반 휴대폰 시장의 달콤함을 벗어나지 못해 결국 시장에서 사라져버린 노키아 사례를 보면 혁신의 중요성이 어떤 것인지 알 수 있습니다.

세계 1위의 백색 가진 업체가 된 하이얼을 값싼 가격과 정부의 지원으로 급성장한 그렇고 그런 전자 회사 정도로 생각해서는 안 됩니다. 이들이 언제 어떻게 새로운 혁신 제품을 내놓을지 알 수가 없습니다.

품질 사례

소비자를 대상으로 하는 B2C 비즈니스에서의 품질도 중요하지만 B2B 비즈니스의 경우에는 한층 더 중요합니다. 문제가 생기면 생산 중단이 일어나고, 납기 지연 혹은 재작업에 막대한 추가 비용이 발생합니다. 그리고 최종 소비자에게까지 상품이 넘어간 경우라면 반품이나 교체 비용까지도 부담해야 합니다. B2C와는 비교도 못할 정도의 어마어마한 후폭풍입니다. 대표적인 B2B 품질 문제 발생 사례를 살펴보겠습니다.

1)삼성 갤럭시 노트7 화재

2016년 8월 19일 출시된 삼성전자의 갤럭시 노트7은 곡면 글래스와 엣지 디자인, 뛰어난 성능의 AP, 고용량 RAM 등 시장의 기대를 한몸에 받았던 제품입니다. 그런데 출시된 지 며칠 안 되어서 폭발 및 화재 발생 사고가 빈번하게 발생하기 시작했습니다. 9월로 접어들면서는 미국과 대만, 호주 등 해외에서도 폭발 화재 사고가 연이어 터졌습니다. 급기야 미국의 연방 항공청에서는 갤럭시 노트7의 항공기 내 소지를 금지하기도 했습니다. 삼성전자는 9월 1차 리콜을 진행하고, 10월 다시 품질 개선 제품을 출시했지만 동일한 폭발 증상이 다시 일어나 2차 리콜을 진행했습니다. 그러다 결국에는 갤럭시 노트7의 단종을 발표하고, 문제 제품을 다른 신제품으로 전량 교체해주기로 했습니다.

이 사건으로 삼성전자는 무려 2조 5천억 원에 달하는 매출 손실을 봅니다. 사건 초기 사고의 원인에 대해서 여러 이야기가 많았지만, 중국 Dongguan Itm Electronics에서 제조하여 삼성SDI에서 수입한 배터리가 문제였다는 설이 가장 유력했습니다. 삼성SDI가 수입한 배터리와 일본 TDK그룹 계열사인 중국 ATL에서 생산하여 납품한 배터리 모두에서 문제가 발생했으며 원인은 복합적이라고 했습니다. 국가기술표준원의 조사 결과, 배터리 모서리에 대한 설계 문제가 있었음을 확인했습니다.

배터리의 음극판 눌림 현상과 분리막 손상으로 인한 화재 발생이 가장 개연성이 높은 사고 원인이었습니다. 만약 삼성전자의 설계에는 문제가 전혀 없었는데, 배터리 제조사가 임의로 설계를 변경하거나 자체 품질 관리를 제대로 못 한 것이 치명적인 원인으로 최종 정리되었다면 문제를 야기한 배터리 제작 업체는 납품한 배터리 금액은 물론이고 스마트폰의 매출, 판매 기회 손실, 브랜드 이미지 하락 등 엄청난 손실액을 배상해야 했을 것입니다.

이후 삼성전자는 갤럭시 노트7 배터리 화재 사건 이후 근본적인 제질 개선에 나섰습니다. 부품 수급과 공급사 관리, 사제 생산 프로세스까지 안전성을 최우선으로 품질 관리 전담 조직을 새롭게 만들고 전화위복의 계기로 삼았습니다. 이처럼 품질 이슈가 발생하면 솔직하고 투명하고 신속하게 대응하는 것이 최선입니다.

2)소니 배터리 리콜사태

1990년대 일본 출장에서 돌아오신 아버지께서 선물로 사주신 소니 워크맨은 당시 최첨단 전자 기술의 정수였습니다. 원기둥 형태의 일반적인 일회용 건전지가 아닌 껌같이 생긴 납작한 모양의 재충전 가능한 배터리를 넣는 얇은 카세트 플레이어는 버튼을 누르면 음성 안내도 나왔습니다.

소니는 1990년 세계 최초로 리튬 이온 배터리 개발에 성공해 1991년 양산에 돌입했습니다. 그러던 중 2006년 초부터 소니에서 생산한 배터리를 탑재한 노트북에서 과열과 화재 사고가 연이어 발생하기 시작했습니다. 2000년대 중반에 특히 이러한 배터리 문제가 많았습니다. 소니는 델, 애플, 도시바, 히타치, 후지쯔 등 전 세계 다양한 노트북 제조 업체에 배터리를 납품했습니다. 하지만 문제가 발생하자 대대적인 리콜을 시행할 수밖에 없었습니다.

리콜 발생 초기 소니는 배터리 교환, 배송 비용, 교체 관련 인건비 등으로 2억 3천만 달러 정도를 예상하고 배상하려고 했지만 노트북 제조 업체들은 최대 성수기인 성탄절 직전에 발생한 문제로 다른 경쟁사 노트북으로 시장 점유율을 빼앗기고 고객 불만으로 인한 소비자 이탈, 브랜드 가치 저하 등이 발생했다며 간접적인 비용까지 배상해주기를 요구했습니다. 그 금액은 무려 8억 5천만 달러였습니다.

해당 배터리를 장착한 소니의 노트북 바이오도 800만대 이상 리콜했기 때문에 눈에 보이는 손해 외에도 엄청난 기회 손실 등의 피해를 보았습니다. 이로 인해 기업 신용 등급까지 하락했습니다.

3)고베제강 데이터 날조사건

1905년 설립된 고베제강은 일본 철강 업계 3위인 회사였습니다. 2017년 8월 고객에게 납품한 금속 소재의 제품이 품질 기준에 미달한다는 사실이 드러나 내부 감사를 진행했고, 9월에는 일부 알루미늄과 구리 제품이 문제가 되었다고 발표를 했습니다. B2B 고객사들은 이를 작은 일로 치부하고 크게 문제로 삼지 않았습니다. 그러나 일본의 경제산업성에서 일본 제조업의 신뢰 문제라고 보고 추가 조사를 명령했고 그 결과 드러난 사실은 가히 충격적이었습니다.

일본 외에도 태국, 중국, 말레이시아 등 여러 공장에서 생산한 알루미늄, 구리, 특수강 능 다양한 제품에 문제가 있으며 불량품을 납품받은 고객사는 520개나 된다는 사실이 드러났습니다. 더군다나 고베제강의 초기 자체 발표가 축소되었다는 것도 밝혀졌습니다.

필자도 당시 이 뉴스를 보고 입이 떡 벌어졌습니다. 11월 10일 고베제강의 발표한 개선 방안 보고서의 요지는 "여러 현장에서 지속해서 부정행위가 이뤄졌고 이는 각 사업부 평가 기준이 수익성 중심이었기 때문에 품질 관리에 소홀하여 현장 담당자들의 부정이 일어났으며 앞으로 잘하겠다"였습니다. 철강 업계 1위인 일본 제철 대비 생산량이 1/6정도 였기 때문에 규모의 경제면에서 경쟁력이 떨어지고 원료를 조달하는 비용도 더 높은 상황에서 제품 수율, 생산성, 납기 등으로 압박이 심해지자 결국 품질 데이터 날조라는 부정행위로까지 이어진 것입니다.

　일본 특유의 제조 문화인 '모노즈쿠리'(ものづくり, 장인 정신을 바탕으로 제품을 만든다는) 아래에 현장에 과도한 권한을 주고 관행으로 넘어가던 행태 또한 주요 원인의 하나로 지목되었습니다. 그리고 필자가 제일 이해가 안 가던 것 중 하나는 특별 채용(토쿠사이, 特採)이라는 관행이었습니다. 이는 제조 라인에서 불합격 판정이 나더라도 납기가 급한 고객사가 사용하겠다고 하면 다시 특별하게 채용(채택)하여 납품하는 관행입니다.

　아무튼 이 사건 이후 고베제강의 주가는 50% 급락했고 일부 생산 공장에서 만든 제품은 국가 인증도 취소되었습니다.

5단계.
견적 제안/가치 제안

B2B 가치 제안

B2B 공급사는 제안하는 제품이나 서비스를 고객사가 선택해야 하는 이유를 명확히 제공해야 합니다. 명확하고 차별화된 가치 제안은 경쟁사 제품 대비 자사 제품을 돋보이게 합니다. 고객사의 문제 해결과 목표 달성에 구체적인 도움을 주는 것이 제안의 핵심입니다.

　페인 포인트(Pain point)에 맞춰 제품 개발을 끝내고 정식으로 제안하는 과정이 바로 'B2B 밸류 프로포지션'(Value proposition, 가치 제안)입니다. 가치 제안이 올바르게 설계되지 못하면 제대로 된 성과를 얻을 수 없습니다.

커피 머신을 카페에 판매한다고 가정해보겠습니다. 만나는 사람이 알바생일 때와 사장일 때, 제안 솔루션은 달라집니다. 알바생에게 기존에 쓰던 커피 머신의 유지비와 신제품의 유지비를 비교하며 안내한다면 와 닿을까요? 오히려 다음과 같이 말해야 하지 않을까요? "기존 제품이 커피 한 잔을 내리는 데 5분이 걸린다면, 신제품은 1분 만에 내릴 수 있으니 남은 시간 동안 휴식을 취할 수 있습니다. 커피 찌꺼기는 한 번만 털어줘도 되니 간편합니다. 사장님께 말씀 잘해주세요. 여기 카탈로그 있습니다."

카페 주인에게는 어떻게 제안해야 할까요? 새로운 커피 머신의 저렴한 비용을 이야기할까요? 사실 이것은 크게 매력적이지 않을 수 있습니다. 기존 기계를 폐기하고 신규 기계를 도입하는 것 자체가 이미 전환 비용(Switching cost)이 발생하기 때문입니다. 가장 매력적인 제안은 "새 기계를 도입하게 되면, 기존 알바 인력을 3명에서 1명으로 줄일 수 있습니다" 정도가 될 것입니다. 카페 주인이 느끼는 '인건비 부담'이라는 페인 포인트에 접근하는 방법입니다.

거래처의 생산팀을 설득해야 할 때는 우리 회사의 엔지니어가 방문하여 직접적인 솔루션을 제안하고, 구매팀을 설득할 때는 영업 담당자가 여러 가지 방식으로 접근해서 솔루션을 제공하는 것이 효과적입니다. 품질팀을 설득해야 할 때는 엔지니어와 영업 사원이 함께 방문해서 필요 서류를 미리 제공하고 업무 프로세스를 숙지하여 그들의 불편함을 제거하는 방법을 제시하고, 사장을 설득할 때는 회사 임원진이 나서서 골프 자리를 만들어서 대화를 나누는 것이 좋습니다. 물론 이는 예시일 뿐 정답은 없습니다. 거래처의 바잉센터 성향을 파악하여 전략을 수립해야 합니다.

이번에는 어떻게 하면 가치 제안을 '잘 전달'할 수 있는지 하나씩 살펴보도록 하겠습니다.

1)경쟁사 대비 자사의 우수성

자사의 상품과 경쟁사의 상품이 모든 측면에서 완벽하게 같아야만 동일한 기준으로 가격 비교가 가능합니다. 즉 같은 장비, 소재, 부품처럼 보일지라도 여러 세부 사항으로 보게 되면 약간씩의 차이가 있기 마련입니다. 이에 따라 고객사의 생산성 강화 정도도 차이가 발생합니다. 맨 먼저 카테고리 수준에서 제공 가능한 공통 혜택을 얘기하고, 이어서 나만의 차별점을 얘기하는 것이 좋습니다. 그리고 강조해야 할 한 가지를 반복해서 말합니다.

- 공통 혜택(Common Benefits): "왜 이런 제품을 사야하나요?"라는 고객사 담당자의 질문에 예상 가능한 고객의 공

통적인 혜택에 대해서 잘 설명하면 됩니다. 사용자가 화면을 통해 배경을 볼 수 있는 '투명 디스플레이'(Transparent Display)를 예로 들어보겠습니다. 공통 혜택은 기존의 불투명 디스플레이 사용에 비해 어떤 점이 더 나은지를 설명하는 것입니다. 이 단계에서는 굳이 제조사별(자사, 경쟁사) 장단점을 구분해서 말할 필요는 없습니다. 제품 카테고리에 대한 설명이 우선입니다.

• 나만의 차별점(Unique Selling Points): "왜 경쟁사 제품이 아니라 당신네 제품을 사야 하나요?"라는 고객사 담당자의 질문에 다른 제조사의 제품이 아니라 자사 제품을 선택하도록 설득하는 것입니다. 이 단계에서는 제조사별 장단점을 구분해서 말해야 합니다. 자사 제품과 경쟁사 제품을 미리 상세하게 파악하여 경쟁사 대비 뛰어난 요소들에 대해 잘 설명할 수 있는 전문적인 지식과 경험이 필요합니다.

• 이것만 기억하세요(Just Remember This): 고객사의 담당자를 만나는 과정은 대부분 비슷합니다. 고객사의 경비실과 보안 담당을 거쳐 신분증을 제시하고 방문증을 받아 접견실에서 대기합니다. 그러면 바빠 보이는 담당자가 미안해하며 내려옵니다. 얼른 준비했던 자료와 데이터를 보여주며 이런저런 설명을 이어갑니다. 이때 특별한 어필 포인트가 없다면 대화는 힘이 빠집니다. 그러면 담당자는 이런 얘

기를 합니다. "네, 알겠구요. 바빠서 올라가야 하는데 상무님께 말씀드리려면 어떤 내용을 전달해 드리면 될까요?" 이때 "이것만 기억하세요." 단계로 넘어가서 고객에게 가장 필요하고 만족을 주는 차별화된 포인트를 강조합니다. 이때는 영업 담당자의 촉과 경험이 중요합니다. 나만의 차별점에는 여러 가지가 있습니다. 어떤 것을 빠르게 제시할지, 사전에 조사한 고객사의 상황, 고객사 담당자와의 대화에서 느껴지는 고객사의 필요 사항 등을 고려해서 경쟁사대비 최선이 가치를 제안해야 합니다. 이 단계에서도 전문적인 지식과 경험은 필수입니다.

2)고객이 인지하지 못하는 인사이트

우리가 페인트를 전문적으로 제조하는 A사의 임직원이라고 생각해보겠습니다. 타겟 고객은 '인테리어 업자'입니다. 영업에 나서기 전, 스스로를 인테리어 업자라고 생각하고 공감하는 단계를 거칩니다. 인테리어 업에서 인건비가 차지하는 비중은 프로젝트의 규모나 위치, 사용하는 재료의 종류와 가격, 노동자의 숙련도에 따라 달라지겠지만 전체 비용의 절반 이상입니다. 고급 인테리어나 맞춤형 디자인을 요구하는 프로젝트는 인건비의 비중이 더 높아질 수도 있습니다. 반면 페인트 비용은 5-10% 정도에 불과합니다.

만약 고객이 무엇을 아쉬워하고 힘들어하는지 공감하는 단계를 생략하고 가치 제안을 한다면 전혀 엉뚱한 솔루션이 나올 수 있습니다. '기존 공급가 대비 20% 저렴하지만, 바르는 데 시간이 오래걸리고 번거로운 페인트'가 될 수 있습니다.

문제를 파악했다면 '고객에게 제공하는 가치'를 아이디어로 만들어 보겠습니다. 가장 많이 나오는 아이디어가 '스프레이 형태로 뿌리기', '더 편하게 바르는 도구 개발 및 제공', 'DIY로 바를 수 있는 페인팅 키트', '페인팅 로봇 임대' 등입니다. 핵심을 꿰뚫는 솔루션처럼 보이나요? 필자가 대학생이었을 때 군에 입대하기 전 건축 현장에서 며칠 일해본 경험이 있습니다. 일반적으로 실내 페인팅 후 페인트가 완전히 건조되는 시간은 3-4시간 정도였습니다. 그 위에 덧칠도 필요합니다. 이때 어떤 문제를 해결해주면 인테리어 업자의 매출이 개선될까요? 건조되는 시간입니다. 페인트가 빠르게 건조되어 하루에 진행할 수 있는 작업 개수를 2건에서 3건으로 늘릴 수 있다면 전체 매출이 50% 증가할 수 있습니다.

이젠 적합한 가격을 제시해보겠습니다. 전체 매출을 50%나 늘려주는 상품을 제공했는데 굳이 공급가까지 할인해 줄 필요가 있을까요? 오히려 고려해야 하는 것은 '페인트 비용은 전체 인테리어 공사 비용의 10%에 불과하다'는 사실입니다. 즉 가격을 올리거나 내려도 전체 비용에는 크게 영향을 미치지 않는다는 것입니다. 그러면 견적을 얼마에 제출하면 좋을까요? 40-50% 인상이면 적당한 선이고, 고객도 충분히 이해 가능한 정도일 것입니다.

고객이 미처 인지하지 못하는 인사이트는 숨겨진 요구, 미래 변화, 비효율적인 작업 프로세스, 미개척 시장 등 다양한 형태로 나타날 수 있습니다. 이러한 인사이트를 발견하고 제시하는 것은 경쟁 우위를 확보하는 핵심적인 방법이 됩니다.

- 미인식된 문제점: 생산성 저하의 근본 원인이 무엇인지, 데이터 관리가 효율적인지 비효율적인지, 문제를 대신 식별하고 해결책까지 제시해주면 고객사는 무척 반가워 할 것입니다.
- 변화에 대한 준비 부족: 미래를 잘 예측하고 대비하는 것은 매우 어려운 일입니다. 그런데 디지털 변환 전략이나 ESG 대응 전략, AI 기술 등을 공급사가 갖고 와서 제안한다면, 고객 입장에서는 미처 인지하지 못한 중요한 가치를 제공받는 것이 됩니다.
- 비효율적인 프로세스: 고객사가 타성에 젖어 과거의 비효율적인 프로세스를 계속 사용하고 있을 수 있습니다. 이때 최적화와 자동화 방안을 제시한다면 고객사는 감동받게 됩니다. 다만 주의해야 할 점은 자동화로 피해를 받는 사람은

'방해자'로 변할 수 있다는 사실입니다.

- 새로운 시장 기회: 고객사가 자신의 제품과 서비스를 적용할 수 있는 새로운 시장이 있다는 사실을 모를 수 있습니다. 시장 분석을 통해 이러한 기회를 식별하고 고객에게 제안한다면 중요한 가치 제안이 됩니다.
- 최종 사용자의 경험 개선: 고객사는 최종 사용자의 경험에 대해 충분히 인지하지 못하는 경우가 있습니다. 엔드 유저의 사용자 경험을 개선하는 방안을 제시하면, 해당 고객사는 이런 것까지 고민해준다며 좋아합니다. 한마디로 고객사의 만족도를 높이고, 충성도를 높이는 방법이 됩니다.

3) VWE(Value Word Equation)

고객사에게 'Tangible'(만질 수 있는, 유형의, 물질적인)한 가치를 제안하는 것은 B2B 마케팅에서 매우 중요한 과정입니다. 이때 고려할 수 있는 것이 VWE(Value Word Equation)입니다. VWE란 '간단한 단어나 수학 공식 등으로 경쟁사 대비 우리의 가치 제안 내용을 숫자로 환산해서 보여주는 것'입니다. 아래두 가지 예시로 설명하겠습니다.

- 예시1: A사가 한국에서 생산하는 장비의 가격은 대당 1억원이고, 중국산인 경쟁사는 대당 7천만 원입니다. 시간 단

위는 1년입니다. "자사 가격(1억 원) vs 경쟁사 가격(7천만 원)" 공급가만으로는 정확한 비교가 안 됩니다. 경쟁사 대비 절감 효과(Competitive Savings Impact, CSI)를 적용해 다음과 같이 바꿉니다. "자사 가격(1억 원) - (CSI x 년 수) vs 경쟁사 가격(7천만 원)"입니다. 이때 CSI를 구하는 것이 핵심입니다. 굉장히 까다롭고 숫자와 금액으로 정량화시키기가 애매할 때가 있습니다. 그리고 상황에 따라 다른 요소가 더해질 수도 있습니다(CSI를 구하는 방법에 대해서는 필자의 브런치 글을 참고해주세요). CSI가 천 만원이라 가정하고 10대를 구입했을 때 조기 비용은 "10억 원 vs 7억 원"이지만 1년에 1억 원의 비용 절감 효과로 5년을 사용한다면 "자사 가격(10억 원) - (1억 원 x 5년) vs 경쟁사 가격 (7억 원)"으로 경쟁사 대비 2억 원이 절감된다는 결론이 나옵니다. 이때 고객사에게 제시해야 할 중요한 메시지가 바로 '2억 원 절감'입니다.

• 예시2. 혁신적인 자동차 연료 첨가제로 창업을 준비하는 분이 있습니다. 이분이 준비하는 첨가제의 주요한 특장점은 자동차의 '미세 먼지 저감'과 '연비 개선'입니다. 어떤 고객을 만나 어떤 방식으로 제안하는 것이 효율적일까요? 특장점을 각각 분리해서 접근해보겠습니다. 먼저 '미세 먼지 저감'이라는 가치에 초점을 맞춰보겠습니다. 이 가치로는 다

음과 같은 고객을 대상으로 하면 좋을 것 같습니다. 첫 번째는 도시 및 지방 정부(B2G)입니다. 공공 교통수단을 운영하고, 도시의 대기 질 개선 목표를 가진 정부 기관이 고객입니다. 두 번째는 대중교통 운영 회사(B2B)입니다. 이들은 연료 효율성과 함께 ESG 규제로 환경 영향을 최소화하는 기술에 관심이 많습니다. 세 번째는 물류 및 배송 서비스 회사(B2B)입니다. 대규모 차량을 운영하는 곳으로 연료 효율성과 비용 절감 그리고 환경 규제 준수 및 지속 가능한 운영 모델 구축에도 관심이 많습니다. 네 번째는 친환경 인증을 추구하는 기업(B2B)입니다. 지속 가능성 인증 또는 친환경 브랜드 이미지를 구축하려는 곳입니다.

예시 1, 2를 통해서 확인해본 것처럼 예시2보다는 예시1이 훨씬 더 구체적입니다. 세상이 이렇게 바뀌고 있고, 트렌드가 이쪽이니 이렇게 가야 한다는 식의 당위적 가치 제안보다는 구체적인 문제 해결 포인트나 실제로 어떤 도움이 되는지 알려주는 예상 시나리오 제안이 고객사의 관심을 끌어내기에 더 유리합니다.

B2B 가격 제안

가격 제안은 언제나 고민되는 이슈입니다. 무조건 싸게 들어가야 할까요? 아니면 비싸게 들어가야 할까요? 싸게 들어가야 할 때와 충분히 비

싼 가격을 불러도 될 때를 한 번 생각해보겠습니다. 가격을 매기는 요소들이 어떤 것이 있는지 하나씩 점검해보겠습니다.

삼성디스플레이의 B2B 영업사원이라고 생각해보겠습니다. 애플과 OLED 디스플레이 판매 협상을 진행 중입니다. 애플이 원하는 개당 공급 희망 가격은 10만 원입니다. 애플은 LG 디스플레이는 9만 5천 원에, BOE에는 9만 원에 공급 제안을 했다는 사실을 알려주면서 공급가 할인 압박을 가하고 있습니다. 아이폰 16의 전체 물량은 1억 2천만 대 정도를 예상하고 있는데, 수용 가능한 가격을 제시해주면 전체 물량의 70%인 8,400만 대 정도를 보장하겠다고 합니다. 그리고 제시하는 가격에 따라 현재의 삼성디스플레이 70%, LG디스플레이 20%, BOE 디스플레이 10%의 공급 비율은 달라질 수 있다고 합니다. 10만 원에 8,400만 대를 납품하면 8조 4천억 원인데 9만5천 원에 납품하면 7조 9,800억 원(-4,200억 원)이고, 9만 원에 납품하면 7조 5,600억 원(-8,400억 원)입니다. 이번 가격 협상으로 어마어마한 금액이 왔다갔다합니다.

일반적으로 영업을 오래 한 분들은 이런 어마어마한 물량 확보를 위해서는 일정 부분 가격 할인(Volume Discount)이 당연하다고 생각합니다. 하지만 꼭 그렇게 해야 하는 게 정답일까요? 상품 가치(Value)의 총합은 여러 가지 요인으로 달라지는데 공급 가격을 동일한 기준으로 비교하는 것이 과연 옳을까요? 이 질문을 놓고 간단하게 B2B 상품의 가치를 크게 '기본 가치', '생산성', '품질 개선', '매출 개선', '관계'의 5가지로 분류해서 알아보겠습니다. 가치를 어떻게 매기느냐에 따라 제안되는 가격은 달라질 수 있습니다.

1)기본 가치

기본 중의 기본은 '스펙'(Spec)입니다. 고객사가 제시하는 스펙에 부합하지 못하면 테스트할 기회도 얻지 못합니다. 2022년 5월 중국의 디스플레이 업체 BOE의 아이폰용 OLED 생산 물량이 급격히 감소했습니다. 그 이유는 생산 수율 개선에 어려움을 겪어왔던 BOE가 배짱 좋게 고객사인 애플의 동의도 받지 않고 OLED 패널의 박막 트랜지스터 회로선 폭을 임의로 넓히는 설계 변경을 했기 때문입니다. 이로 인해 BOE는 수천만 대 가량의 디스플레이 패널을 공급하지 못하게 되었습니다. 아마도 이러한 사태에 애플은 굉장히 분노했을 것입니다. 공급사를 교체해버릴지도 모를 일입니다. 가장 기본적인 스펙을 지키지 않은 문제입니다.

2)생산성

몇 년 전 넷플릭스로 재미있게 시청했던 시리즈가 있습니다. 멕시코에서 고물 자동차를 싸게 사 와서 이를 복원한 후 판매하는 〈TEXMEX〉라는 시리즈입니다. 외장, 내장, 엔진, 판매, 운영 등을 담당하는 6명의 출연진이 이 일을 하면서(2개월간) 벌어들인 총 수익은 16만 4천 달러였습니다. 그런데 성공적인 결과를 앞에 두고 파티를 열며 자축하는 과정에서 엔진과 내장을 담당하는 제이미의 표정이 좋지가 않았습니다. "시간당 작업량을 생각하면 절대 흑자라고 할 수 없다. 주 7일 쉬는 날도 없이 38도 넘는 날씨에 야근도 계속했다. 집에서 멀리 떨어진 지역까지 와서 많은 것을 포기하고 일하고 있는데 이 수익으로는 부족하다."라고 말했습니다.

이때 제이미의 불편함과 번거로움을 감소시켜 시간당 생산성을 개선할 수 있는 개조 장비가 있다면 그 장비의 공급 가격은 달라질 수 있었을 것입니다.

3)품질 개선

공급하는 제품의 수명은 긴 것이 좋을까요? 짧은 것이 좋을까요? 수명이 너무 짧으면 고객사의 생산 비용 증가로 이어지기 때문에 고객이 선택하지 않겠죠? 수명이 너무 길면 어떨까요? 너무 긴 내구성으로 해당 제품의 더이상 팔리지 않는다면, 이 또한 문제가 됩니다. 즉 일정 수명이 지나면 자연스럽게 품질에 문제가 생기는 물건(면도날, 타이어 같은)을 만드는 것이 제조사의 중요한 노하우입니다. 가격 결정에서는 본연의 성능과 품질 수준을 잃지 않으면서도 적정한 가격선을 찾는 것이 중요합니다.

4) 매출 개선

접히는 플렉서블 디스플레이 모듈이 공급된다면 스마트폰의 '디자인'이 바뀌면서 소비자에게 새로운 제품으로 인식되며 새로운 매출을 일으킬 것입니다. 초당 120프레임 이상의 주사율이라는 디스플레이의 성능을 제공한다면 게임을 즐기는 스마트폰 사용자는 좀 더 몰입감을 얻게 됩니다. 인텔은 한때 '인텔 인사이드'를 강조하는 캠페인을 진행했습니다. 광고를 만들어서 TV로 송출하고, PC 본체에 스티커를 붙여 부품 공급사임에도 자신의 이름을 대중들에게 각인시켰습니다. 그 결과 소비자들은 '인텔 인사이드' 스티커가 붙은 PC만 구매했습니다. B2B 브랜드로 소비자에게 이런 방식으로 다가선다면 시장의 평판을 개선시켜 공급가를 좀 더 높일 수 있지 않을까요?

최근에는 소비자에게 노출되는 ESG 브랜딩도 중요해졌습니다. 자사의 부품 사용이 삼성디스플레이나 LG디스플레이의 ESG 경영에 도움이 된다고 어필한다면, 이를 활용해서 소비자 대상의 마케팅에 도움이 될 수 있다고 강조한다면, 좀 더 높은 가격의 제안이 가능합니다.

5)관계

A 공급사는 국내 업체라 바로 연락하면 언제라도 쉽게 소통할 수 있는데, B 공급사는 A 공급사보다 수명과 품질이 좋지만 해외 업체라 쉽게 소통이 힘들고 맞춤 서비스를 받기도 힘이 듭니다. 그러면 공급가가 비슷하더라도 A 사의 제품을 선호할 수밖에 없습니다. 그런데 B 공급사가 새롭게 에이전트(대리점)를 두는 소통 채널을 만든다면 어떻게 될까요? 상황은 달라집니다. 게다가 B 공급사는 해외 탑티어 고객사에 품질과 납기 등에서 한 번도 문제를 일으키지 않은 상태로 안정적인 공급까지 해온 레퍼런스까지도 있습니다. 그러면 제품 가격이 높더라도 B 사를 선호할 수밖에 없습니다. 다만 대리점이나 에이전트에게 너무 의존했다가는 오히려 이들과의 협상력에서 밀릴 수 있습니다. 급기야 해당 대리점이 경쟁사의 대리점이 돼버린다면 고객이 빠르게 경쟁사로 넘어갈 수도 있습니다.

다시 맨 앞의 사례로 돌아가서 애플을 지켜야 하는 삼성디스플레이의 영업사원 입장에서 생각해보겠습니다. 자사의 OLED 제품이 LG디스플레이와 BOE의 제품과 비교해 고객에게 제공하는 가치가 동일할까요? 아마도 그렇지 않을 것입니다.

공급사의 생산기술, 노하우와 물량 등에 따라 공급 원가는 당연히 달라질 것이고, 신뢰도와 기업 간 관계, 품질 안정성, 고객사 시스템 적합도, 납기, 생산 효율성, 수명, 평판 등에 따라서도 달라질 것입니다. 이 모든 것을 종합했을 때 이 가치가 1만 5천 원에 해당한다면, LG디스플레이가 5천 원 더 저렴하더라도, BOE 제품이 1만 원 더 저렴하더라도 삼성디스플레이 제품을 선택하게 됩니다. 애플 입장에서는 무엇을 택하든 5천 원 이상의 이익을 보는 것이 되기 때문입니다.

이를 반대로 생각해보면, BOE 입장에서는 기본 베이스가 삼성디스플레이의 OLED 부품보다 1만 5천 원이 저렴한 8만 5천 원이어야 애플이라는 레퍼런스를 확보할 수 있습니다. 즉 더 저렴한 가격에 공급하는 것까지도 생각해보아야 합니다.

전환 비용

전환 비용은 고객이 새로운 공급사를 선택할 때 이에 따른 시간, 비용, 리스크 등을 통칭하는 말입니다. 여기에는 B2B 고객사가 느끼는 심리적 부담감도 포함됩니다. 이를 비용으로 얘기하면 직간접 비용, 심리적 비용, 기회비용 등입니다. 고객이 갖는 비용 부담을 이해할 수 있어야 보다 효과적인 설득 전략을 세울 수 있습니다.

2000년대 중반, 필자가 대만에서 TSMC, UMC 등 반도체 파운더리 업체에 한국산 공구를 영업할 때의 사례입니다. 일부 공정이나 제품 종류, 가격 등은 모두 가상으로 써보았습니다.

먼저 '대만 반도체 시장'이라는 타겟 시장과 관련된 전시회를 모두 조사했습니다. 그리고는 전시회에 참가해서 여러 잠재 고객사와 중간 파트너(대리점이나 에이전트) 후보군을 추렸습니다. 파트너 선정 이후 그들에게 시장 조사를 의뢰했습니다. 다음으로 인터넷에서 직접 조사하거나 파트너를 통해서 확보한 자료를 바탕으로 고객사 바잉센터(생산팀, 구매팀, 품질팀 등)를 정리했습니다. 그리고 공장의 위치, 제조 라인별 특성, 장비 댓수와 현재 사용하는 부품, 소재, 공구의 수명과 가격, 엔드 유저가 누구인지 등도 정리했습니다. 그런 다음 어떤 고객부터 공략할지 순서를 정합니다.

TSMC라는 세계1위 반도체 파운더리 업체를 타겟으로 한다면 신주(新竹)에 위치한 5, 6, 8, 12, 15 공장인지, 타이난(台南)에 위치한 14, 18공장인지를 결정하고 특정한 기술 노드와 생산 방식의 유사성에 따라 그루핑을 합니다. 공장을 선택했으면 생산 장비와 소재, 엔드 유저의 특성에 따라 타겟 생산 라인도 특정할 수 있습니다. 삼성전자나 SK하이닉스에 납품했던 레퍼런스가 있다면 이를 강조하는 것도 빼놓지 말아야 합니다. TSMC 구매팀 담당자를 직접 컨택하는 것보다 파트너인 대만인 대리점을 통해 미팅을 잡는 것이 더 효과적일 때도 있습니다(이런 판단을 잘해야 합니다). 그리고 구매 담당자뿐만이 아니라 생산 담당자와도 미팅을 합니다.

필자는 TSMC를 대상으로 영업하던 시절, 생산 담당 팀장이 자사에 큰 관심을 보이는 것을 확인한 후 계속해서 연락을 취하는 등 납품할 부품의 적합성 여부를 테스트할 기회를 확보하려고 애썼습니다. 그리고 생산팀, 구매팀, 품질팀 담당자를 만나 현재 사용 중인 부품은 어디 것인지, 어느 정도 가격대인지, 품질과 수명은 어떠한지를 공식적/비공식적 방법으로 알아내려고 애썼습니다. 그 결과 기존에 사용 중이던 공구 제품은 대만산 제품으로 가격은 개당 300달러 수준이고 수명이나 품질은 자사 제품보다 떨어진다는 사실을 알아냈습니다.

자사 제품의 판매 원가가 150달러 정도라면 대리점에게 제공하는 마진까지 고려해서 어느 정도 금액으로 가격 제안을 하는 것이 맞을까요? 회사 내부에서도 여러 의견이 나왔습니다. 놀랄만한 가격으로 대량의 물량을 확보하기 위해서는 200달러 내외로 견적을 제시해야 한다는 의견도 있었고, 경쟁사의 공급 가격과 큰 차이 없이 270-280달러 정도로도 충분할 것이라는 의견이 있었습니다. 무척 어려운 결정이었습니다. 필자는 고객사의 생산 팀장, 구매 담당과 여러 차례 식사와 티타임을 가지면서 그들의 솔직한 입장을 듣기 위해 노력했습니다.

"어느 정도의 가격이면 자사가 테스트 기회라도 확보할 수 있을까요?"

결국 대만인 생산 팀장으로부터 이런 대답을 들을 수 있었습니다. "John Kim(필자의 영어 이름)! 혹시 Switching Cost(전환 비용)라고 들어봤어요? 못 들어봤으면 그것에 대해서 알아보고 다음 주에 다시 미팅합시다."

필자는 전환 비용에 대해서 알아보기 시작했습니다. 전환 비용은 고객이 현재 사용하고 있는 제품, 서비스, 공급 업체 또는 시스템에서 다른 것으로 바꿀 때 직면하는 모든 유형의 비용을 말합니다. 이는 경제적, 시간적, 심리적, 사회적 요소 등 다양한 형태로 나타날 수 있습니다. 이러한 비용은 결국 고객이 현재 상황에서 벗어나 새로운 옵션의 선택을 망설이는 요인이 됩니다. 전환 비용 네 가지를 하나씩 살펴보겠습니다.

- 첫 번째, 직접 비용입니다. 새로운 제품이나 서비스로 전환 하기 위해 반드시 필요한 비용입니다. 예를 들어 새로운 소 프트웨어 라이선스 구매 비용, 신규 장비 설치 비용 등이 여기에 해당합니다(기존 시스템과 장비를 계속 사용했으면 쓰지 않아도 될 비용). 클라우드 기반의 데이터 센터로 전환하거나 기존의 ERP 시스템을 새로운 플랫폼으로 교체하는 경우, 생산 라인에 새로운 자동화 장비나 로봇 기술을 도입할 경 우 등을 생각해보면 됩니다.
- 두 번째, 간접 비용입니다. 전환으로 발생하는 시간 소요, 생산성 저하, 직원 교육 등의 비용입니다. 새로운 온라인 주

문 시스템 도입 후 고객의 질문이나 문제 해결을 위해 직원을 추가로 고용하거나 기존 직원의 근무 시간이 늘어나는 경우입니다. 새로운 시스템에 대한 적응 과정과 필요한 교육 등은 당장에는 업무 효율성을 떨어뜨립니다. 하지만 장기적으로는 기업의 운영 비용과 효율성에 큰 기여가 됩니다.

- 세 번째, 심리적 비용입니다. 기존 제품이나 서비스에 대한 익숙함과 만족도를 포기하고 새로운 선택을 받아들이는 데 따른 심리적 저항이나 불편함, 번거로움 등을 말합니다. 새로운 시스템과 기계 그리고 장비에 적응해야 하는 과정은 심리적인 스트레스를 수반합니다. 그리고 직업 안정성에 영향을 미친다고 생각할 경우 이에 대한 두려움으로 심리적 반발이 커질 수 있습니다.

- 네 번째, 기회비용입니다. 하나의 제품을 선택함으로써 포기해야 하는 잠재적 이익입니다. 한 공급사와 장기 계약을 체결함으로써 가격 할인과 안정성은 얻게 되지만, 향후 시장 변화에 빠르게 대응할 수 있는 유연성을 잃기도 합니다.

필자는 이러한 전환 비용 사례를 확인하고 다시 TSMC의 생산 팀장을 찾아 다음과 같이 말했습니다. "팀장님, 자사의 제품이 기존에 사용 중이신 제품과 비교해 품질, 생산성이 뛰어난 것을 현재 납품하고 있는 한국 고객사의 레퍼런스를 통해 이미 말씀드렸습니다. 전환 비용을 고려했을 때 기존 가격 대비 어느 정도 저렴하면 테스트 기회를 얻을 수 있을까요?"

이에 생산 팀장은 "전환 비용에는 직접적인 비용(새로운 시스템으로의 이전 비용, 장비구매 비용 등)과 간접적인 비용(교육 및 학습 비용, 생산성 손실 등)이 포함되니 30% 정도 저렴하면 내부적으로 결제 진행이 수월할 것 같습니다"라고 대답했습니다. 필자 입장에서는 고객사 담당자의 입을 통해 목표 가격을 확인하는 아주 중요한 순간이있습니다. 고객사가 당시 사용 중이던 대만산 공구 제품의 가격이 300달러였으니 이 가격을 기준으로 30% 저렴하다면 210달러 정도가 목표 가격이 되는 셈입니다.

정리해보겠습니다. 고객사를 대상으로 전환 비용을 활용하는 전략을 세울 때, 목표는 고객사가 자신의 제품이나 서비스를 선택하고 장기간 유지하도록 하는 것입니다. 가격 할인은 물론이고 이전 비용을 보조해주거나 새로운 시스템으로의 전환을 돕기 위한 교육 프로그램을 제공하는 등 고객사의 전환 비용을 줄여주는 방안을 제시해야 합니다.

이제는 반대로 우리 제품을 잘 쓰고 있는데, 경쟁사에서 전환 비용을 낮춰서 들어올 경우 이를 어떻게 방어해야 하는지도 알아보겠습니다. 무엇보다 서비스 변경이나 다른 제공 업체로 전환하는 것이 불리하다는 증거를 제시해야 합니다. 그리고 맞춤형 교육 프로그램을 개발해서 제공하는 것도 필요합니다. 새로운 공급사는 고객사의 내부 사정을 아무래도 잘 모르기 때문에 이러한 맞춤 교육 프로그램 개발에 난항을 겪거나 꽤 많은 비용을 지출할 수 있습니다. 이점을 파고드는 것입니다. 핵심은 우리 제품을 쓰는 것에 편안함을 느끼게 하고 그 과정을 계속해서 개선해 나가는 것입니다. 고객사가 다른 제품을 쓰는 것 자체를 다시 학습을 거쳐야 하는 힘든 과정으로 느끼도록 하는 것이 중요합니다. 그리고 자사 제품을 계속해서 고객사에 맞춤해서 업그레이드하는 것도 중요합니다. 'API 연동', '표준화된 데이터 포맷 제공', '다양한 시스템과의 호환성 확보' 등을 통해 고객이 다른 제품이나 서비스로 쉽게 전환할 수 없도록 합니다. '장기 계약', '볼륨 디스카운트' 등으로 가격적인 메리트를 주는 것도 중요합니다.

고객에게 경제적 이익을 높이는 동시에 전환 비용을 증가시켜야 경쟁사로의 전환을 방어할 수 있습니다.

게이트 키퍼

게이트 키퍼(Gate Keeper)를 찾아내는 것이 중요한 이유는 이들이 정보의 흐름을 관리하고 외부 접근을 조절하거나 자신의 이해관계 때문에 B2B 공급사에 해가 되는 행동도 할 수 있기 때문입니다. 그래서 영업 담당자는 이들의 존재 여부와 누가 그 역할을 하고 있는지 파악하는 것이

중요합니다.

수년간 막대한 시간과 비용을 투자해서 조력자로 만들어왔던 고객사의 구매팀 A 임원이 퇴직을 했습니다. 그를 활용하는 방안을 없을까요? 바로 에이전트나 브로커 역할을 제안할 수 있습니다. 그런데 그가 경쟁사의 브로커가 된다면? 생각만 해도 끔찍합니다. 바로 협력자가 되느냐 게이트 키퍼가 되느냐의 순간입니다.

또 다른 사례입니다 필자가 중소기업에 재직했을 때입니다. 고객사에 대한 신규 개적 영업이 마무리되어가는 난세였습니다. 구매담당자로부터 PO(Purchasing Order)만 받으면 끝나는 상황이었습니다. 그런데 담당자는 계속해서 오더가 담긴 팩스를 보내지 않았습니다. 당시 제 상사는 "김 과장, C 업체 PO 받았어?"라고 재차 확인했습니다만, 저는 알고 있는 그대로 "전화해봤는데 담당자가 휴가 중이라 다음 주에 보내준다고 합니다. 조금만 기다리라고 하네요."라는 말만 계속했습니다. 그런데 구매담당자는 휴가를 다녀온 후에도 다른 핑계를 대면서 PO를 발행해주지 않았습니다. '구매 팀장이 해외 출장을 갔다', '담당자가 휴가를 갔다', '중요한 전사 글로벌 미팅이 있다'는 식으로 계속 변명만 했습니다. 처음에는 한두 주 정도 밀리는 것으로 생각하고 별거 아니라고 생각했습니다. 그런데 한

달, 두 달 이렇게 늘어지자 조급해지기 시작했습니다. 그러다 해당 영업 건이 경쟁사에게 넘어가 버렸다는 것을 뒤늦게 알게 되었습니다.

구매팀 담당자가 PO 발행을 늦추면서 경쟁사에게 대처할 수 있는 시간과 정보를 주고 있는 것은 아닌지? 생산팀이나 품질팀에서 테스트 결과 보고서나 품질 서류 작성을 의도적으로 늦춰서 경쟁사에 대처 가능한 시간을 주는 것은 아닌지? 의심해볼 필요가 있습니다. 이때 의사 결정을 늦추는 '범인', 즉 게이트 키퍼(문지기)를 찾는 것이 중요합니다.

게이트 키퍼를 찾기 위해서는 막내 직원부터 임원까지 자기가 만나는 카운터 파트너를 중심으로 전화도 돌리고, 식사도 하고, 커피도 하고, 골프 회동도 하는 등 발로써 움직이며 정보를 파악해야 합니다. 그렇게 움직이다 보면 누가 우리 프로젝트를 방해하는지 찾을 수 있습니다.

게이트 키퍼를 찾았으면 대처 방법을 빨리 마련해야 합니다. 자사와 이해관계가 부합하는 윗선을 설득해서 압박을 가할지, 수단과 방법을 가리지 않고 구워삶을지 고민해야 합니다. 핵심은 그의 마음을 돌려세우는 것입니다. 영업은 전쟁이고 전투입니다. 매너리즘에 빠져 멍하게 있다가는 언제 적들이 코와 귀를 베어 갈지 모릅니다. 언제나 더듬이를 활짝 펴고 촉을 세워야 합니다.

6단계.
고객사 피드백

가격과 A/S

공급사가 고객사의 견적요청서(RFQ)를 받아서 검토하고 내부 회의를 통해 맞춤형 솔루션과 견적을 만들어 이를 제안하면 고객사로부터 피드백이 돌아옵니다. 통상 가격에 대한 피드백이 가장 중요하고, 그다음으로 AS에 대한 피드백이 옵니다.

역시나 가장 중요한 피드백은 '가격'입니다. 고객사는 공급사의 제안가를 다른 공급사의 견적과 비교하여 평가합니다. 제안 가격이 경쟁사보다 과도하게 높을 경우 이에 대한 피드백을 전화나 이메일 등의 방법으로 즉각적으로 진행합니다. "귀사가 제안한 솔루션은 기능 면에서는 만족스럽지만, 다른 공급사의 견적이 귀사보다 15% 저렴합니다." 고객사로부터 이런 피드백이 왔다면 공급사는 어떻게 해야 할까요? 자신들이 다른 곳에 비해 가격이 높은 이유를 잘 설명해야 합니다. 품질이나 기능, 서비스 측면에서 설득력 있는 설명을 해야 합니다.

다음은 'AS' 피드백입니다. 공급사 A는 생산 라인 자동화를 위한 솔루션을 제공했고, 공급사 B는 자동화 로봇 솔루션을 제안했다고 가정해보겠습니다. 고객사는 "귀사(A사)의 솔루션은 우리 공장의 제조 공정과는 호환되지 않는 기술을 포함하고 있어서 추가 조정이 필요합니다"라고 피드백했습니다. 피드백에 대한 공급사의 답변은 고객사가 자신을 신뢰하고 안정적으로 계약을 맺을 수 있을지 판단하는 중요한 요소로 작용합니다. 당연히 A사는 고객사 요구에 맞는 기술적 커스터마이징을 고려해야 합니다. 그리고 고객사의 피드백을 기반으로 솔루션을 개선하고, 고객사의 기대에 부응하는 제안을 다시 하거나 협상 전략을 마련해야 합니다. 하지만 이러한 과정에서 비용이 생각 이상으로 과다하게 들어간다면 공급사는 전략적 선택(제안 포기)을 할 수밖에 없습니다.

캐파와 TRM

캐파는 'Capacity'의 약어로 생산 능력을 뜻합니다. 고객사의 피드백을 받고 우리가 수용 가능한 캐파인지 파악하는 것은 매우 중요한 절차입니다. TRM(Technology Roadmap)은 기술로드맵입니다. 고객사는 향후 기술 변화에 공급사가 어떻게 대응할 수 있는지도 중요하게 봅니다.

"그 제품 요즘 한 달에 캐파가 어느 정도 되는지 알아? 그걸 알고 오더를 받아야지", "A 제품 한 달에 캐파가 어떻게 되나요?" 캐파는 필자가 B2B 영업을 다닐 때 하루에도 몇 번씩 말하던 단어였습니다. 영업 입장에서는 고객사로부터 오더만 많이 받으면 장땡이겠지만, 제조 현장이나 생산 관리 입장에서는 실비 사통률이나 소화 가능한 캐파 등을 고려해서 PO를 받는 것이 중요합니다.

매년 가을쯤이면 영업 담당들은 다음 해의 매출 목표를 세우느라 분주합니다. 영업 담당이 기존 고객과 신규 고객의 수요 예측에 따라 아이템별 매출 계획을 세우면 이 데이터는 팀과 사업부별로 취합되어 전체 매출 계획이 완성됩니다. 매출 계획이 확연히 증가하는 방향이라면 원자재 확보, 생산 장비 확보, 생산 인원 확보, 공장 부지 확보 등을 통해 증설 계획을 세우게 됩니다.

팔도에서 출시했던 하얀 국물의 칼칼한 맛을 자랑하던 '꼬꼬면'을 기억하시나요? 이 라면은 KBS의 예능 프로그램에서 코미디언 이경규씨가 개발해서 선보인 라면으로 팔도에서 상품화했습니다. 꼬꼬면은 출시 2개월 만에 2,200만 개가 판매되며 대박을 쳤습니다. 폭발적인 수요에 생산량을 따라가지 못하던 팔도는 2012년 초 캐파 확대를 했습니다. 약 5백억 원이 넘는 비용을 들여 경기도 이천 공장을 증설하고, 전라도 나주에 새 공장을 지었습니다. 그러나 아이러니하게도 캐파를 확대하자마자 꼬꼬면의 매출액은 급감했습니다. 결국 2012년, 2013년에 연속으로 200억 원 정도의 적자를 기록했습니다. 초반 판매 기세만 보고 너무 빠르게 확대한 캐파가 문제였습니다.

그로부터 2년 뒤인 2014년 8월, 제과 업계에서도 꼬꼬면처럼 혜성같이 등장한 히트 상품이 있었습니다. 해태제과가 일본의 제과 업체 가루비와 합작해서 출시한 '허니버터칩'입니다. 마찬가지로 공급이 수요를 따라가지 못했습니다. 쇼핑몰에서는 1인당 구매 개수를 제한하기도 하고, 온라인 중고 사이트에서는 3-4배의 가격으로 거래되기도 했습니다. 이 자체가 SNS에서 밈처럼 확산되면서 엄청난 수요가 발생했습니다. 하지만 해태제과는 팔도가 성급한 공장 증설과 신설로 낭패를 본 것을 알고 제품 출시 1년 뒤인 2015년 여름이 되어서야 제2공장을 착공했습니다.

이러한 사례들을 보게 되면 영업과 마케팅에서는 여유있는 캐파를 바탕으로 매출을 최대한 끌어내는 게 장땡인것 같지만, 생산에서는 영업의 이러한 요구를 무조건 받을 수 없는 게 현실입니다.

고객사 담당자를 만나는 미팅에서는 회사 소개부터 시작해서 제품 소개와 함께 자사 제품을 사용하면 고객사의 매출에 얼마나 도움이 되며, 그에 맞춰 어떤 생산 계획을 갖고 있는지 캐파 증설 계획까지도 연결해서 말해야 합니다. 그런데 이때 경쟁사가 별도의 증설 없이 기존 공정을 개선하는 방식으로 쥐어짜기식 캐파 확대 계획을 갖고 있다면 자사는 증설 계획만으로도 고객사를 안심시키며 호감을 이끌어낼 수 있습니다. 다만 계획은 '계획'인 만큼 실제 캐파 증설은 신중하게 접근해야 합니다.

이번에는 TRM에 대해서도 살펴보겠습니다. 요즘 같이 급박하게 기술이 발전해 가는 상황에서는 최종 상품이 업그레이드되려면 소부장(소재, 부품, 장비)이 먼저 업그레이드가 되어야 합니다. 그렇다 보니 B2B 고객사는 공급사의 기술로드맵(TRM)이 궁금하지 않을 수 없습니다. 제일 먼저는 영업 차원에서도 TRM 정보를 먼저 고객사에 제공합니다. 그리고 좀 더 세부적인 내용을 궁금해한다면 엔지니어나 연구소 임직원을 대동해서 대외비가 아닌 수준에서 자사의 기술 정보를 고객사에게 설명합니다.

요즘처럼 빠른 기술 변화, 빠른 트렌드 변화, 이런 욕구를 모두 반영하는 제품의 개선과 발전 뒤에는 소재과 부품, 장비, 공구 등을 개발하기 위해 함께 피땀 흘렸던 B2B 공급 업체의 숨은 노력이 숨겨져 있습니다.

7단계.
협상

협상 전략

협상에서 가장 중요한 가격 제시는 서로 끝까지 안 하려고 합니다. 제시하더라도 더 높게 부르거나, 더 낮게 부르는 에임 하이(Aim High) 전략을 씁니다. 가격이 어느 정도 합의된 후에는 다른 조건을 갖고서 밀고 당기기를 합니다. 합의가 막히거나 잘 풀지 않을 때는 관점 전환을 통해서 새로운 협상 출구를 마련합니다. 최고의 협상 결과는 공급사 고객사 모두가 만족하는 조건입니다.

가격 협상에 나서기 전 B2B 공급사의 영업 담당자는 제품의 제조 원가에 해당하는 재료와 제조에 대한 경비 그리고 판매 관리비인 물류, 광고, 마케팅 비용 그리고 커미션, 영업 접대 비용 등을 세밀하게 계산해서 판매 원가를 산정합니다. 그런 다음에는 경쟁사의 납품 가격도 추정합니다.

영업 경험이 별로 없을 때는 이 정도만 준비해서 해외 출장 길에 나섰습니다. 고객사에 도착해서는 본격적으로 협상에 들어갈 준비를 하며 심호흡을 합니다. 접견실에서 기다리면서 노트북을 열고 자료 등을 한 번 더 숙지하고 있을 즈음 담당자가 들어옵니다.

"잘 지내고 있냐?", "반갑다. 요즘 회사 분위기는 어떠냐?", "경쟁사 사정은 어떤가?" 등 여러 가지 스몰 토크를 하면서 오프닝을 합니다. 그러다 담당자가 파일럿 테스트 결과 내용을 보여줍니다. 이때 솔직하게 테스트 결과를 얘기해주는 담당자도 있고 사소한 내용을 침소봉대(針小棒大, 작은 일을 크게 부풀려 말하는 것)하는 담당자도 있습니다. 협상의 주도권을 잡고자 하기 때문입니다. 그러면 '올 것이 왔구나'라는 생각이 들며, 미팅룸은 긴장감에 휩싸입니다.

제품 스펙을 다시 한번 확인한 후 본격적으로 가격 협상에 들어갑니다. 제품 판매 원가는 150만 원이고 고객사가 경쟁사로부터 공급받는 가격은 200만 원입니다. 아래는 가상의 대화입니다.

- 고객사: 이제 오늘의 주요 토픽으로 들어가 볼까요? 어느 정도 가격에 공급할 수 있는지 알려주세요.

- 공급사: 어느 정도 가격을 원하시나요? (누구라도 먼저 원하는 가격을 제시하려고 하진 않습니다.)

- 고객사: 140만 원 정도면 내부에서 논의할 수 있습니다. (현재 가격에서 20% 할인되는 160만 원이면 충분하지만, 네고를 생각해서 제시가를 더 낮게 부르는 Aim-High 전략을 쓸 가능성이 높습니다.)

- 공급사: (국내 대기업에 공급되는 가격이 140만 원과 같아 속으로는 안도하지만 오히려 깜짝 놀라는 표정으로) 140만 원이면 진짜 자사의 원가에도 미치지 못하는 가격입니다. 말도 안 됩니다. 한국 고객사에 납품되는 가격도 이 가격보다 훨씬 높습니다.

- 고객사: (여기서 공급사가 한국 고객에게 납품하는 가격이 140만 원 정도라는 정보를 아느냐 모르느냐가 중요합니다.) 그래요? 그러면 귀사의 국내(한국)고객에게는 어느 정도 가격으로 납품하고 있나요?

- 공급사: (웃으며) 다른 고객의 정보를 공유하면 안 되는 것 아시잖아요. 왕 팀장님께만 특별히 말씀드리겠습니다. 160만 원 정도에 납품하고 있습니다. 이건 절대로 다른 사람들에게 공유하시면 안 됩니다.

- 고객사: 그래요? 그 가격이면 현재 우리가 B사에서 납품받고 있는 가격보다 비싼데요.

- 공급사: 당사 입장에서는 160만 원으로 납품하는 것은 불가능합니다. 해외 고객이니 물류비와 관세, 현지 유통 업체 마진 등을 고려하면 최소 180만 원 정도가 되어야 합니다.

- 고객사: (속으로는 180만 원도 괜찮다고 생각하지만, 살짝 표정을 일그러트리며) 저희가 제안하는 140만 원과 귀사가 주장하는 180만 원은 가격 차이가 너무 큰데요.

- 공급사: 그러시면 최대 어느 정도까지 가격을 받아들일 수 있으신가요?

- 고객사: (고민하는 표정으로 노트북의 엑셀 시트를 검토하는 척하면서) 150만 원이 맥시멈입니다. 이 이상의 가격은 받을 수 없습니다. (배수의 진)

- 공급사: (절대 안 된다며 상을 엎어버리는 척을 할까 고민도 하지만) 솔직히 말씀드리겠습니다. 150만 원은 원가입니다. 이 가격으로는 장기적으로 안정적인 공급을 보장할 수 없습니다. 잘 좀 부탁드리겠습니다.

- 고객사: 해당 공급가는 매월 어느 정도 납품하는 기준에서 나왔나요?

- 공급사: 전에 말씀 주신 기준으로 매월 총 소요량이 100개라고 하셔서 자사 점유율을 20%로 가정한 월 20개를 기준

으로 했을 때의 공급가입니다.

- 고객사: 그래요? 그럼 50%로 계산하면 원가가 좀 떨어지지 않을까요?

- 공급사: (속으로는 살짝 기뻐하면서도) 공급 원가에는 큰 차이는 없습니다.

- 고객사: (150만 원과 180만 원 사이의 가격은 165만 원인데...) 그렇다면 우리가 크게 양보해서 155만 원으로 하겠습니다.

- 공급사: 가격을 160만 원으로 하고 다른 부분을 맞춰드리는 거 어떨까요?

- 고객사: 어떤 부분을 말씀하시는 건가요?

- 공급사: 물량을 안정적으로 공급해 드리겠습니다.

- 고객사: 현재도 물량 공급에는 큰 문제가 없습니다. 처음부터 높은 셰어를 보장해 드리기는 힘들고요.

- 공급사: 그렇다면 납기를 기존 1.5개월에서 1개월로 단축해 드리겠습니다.

- 고객사: 원래 1개월 아니었나요? 납기는 1개월로 해야 합니다. 납기를 어기면 '납기연체료' 조항도 원래 다른 공급사들과의 계약에는 넣습니다. 그 조항을 안 넣은 것도 귀사를 많이 배려해 드린 겁니다.

- 공급사: 그러시다면 결제 조건으로 귀사 창고에 도착한 2개월 후 송금(60 days after the date of arrival at buyer's warehouse)을 귀사 창고에 도착한 3개월 후 송금(90 days after the date of arrival at buyer's warehouse)으로 변경하는 건 어떠세요?

- 고객사: (최근 회사에서 결제 조건 변경 지시가 많아 괜찮다고 생각하면서) 흠… 또 다른 부분 맞춰주실 건 없나요?

- 공급사: (상대방의 표정을 캐치하곤 괜찮은 분위기라고 생각하면서) 창고가 3곳 있죠? 저희가 여기 대리점에 안전 재고 창고를 운영하며 3곳 창고로 안정적인 재고 유지가 되도록 노력하겠습니다. 어떠세요?

- 고객사: 좋습니다. 우리 계약에 AS 기간은 어떻게 명기되어 있죠?

- 공급사: 일반적으로 AS 기간은 동일하게 1년으로 되어있습니다.

- 고객사: 그러면 결제 조건 변경, 3개 창고에 안전 재고 유지, AS 기간은 2년으로 변경해주시면 160만 원 공급가를 받겠습니다.

- 공급사: 계약 기간을 기존 1년에서 2년으로 연장해주시면 가능합니다. (1년 뒤에 가격 인하를 요청할 수 있으니)

- 고객사: 계약 기간 변경은 힘듭니다. 양해해 주세요. (1년으로 계약 기간이 끝나더라도 AS는 2년 보장을 받고자)

- 공급사: 그러시면 결제 조건 변경에 3개 창고에 안전재고

유지 그리고 AS 기간은 1.5년으로 하고 교육 비용과 업그레이드 비용 무상은 어떤가요?

- 고객사: 좋네요. 오늘 미팅한 내용은 회의록(Meeting Minute)으로 금일 내로 공유부탁드리겠습니다.
- 공급사: 감사합니다. 호텔로 들어가는 대로 정리해서 보내 드리겠습니다.
- 고객사: 네, 그리고 깜빡한 게 있는데 최종 테스트 제품 2개 는 무상으로 보내주시는 것 맞죠?
- 공급사: 물론이죠. 저두 마지막으로 여쭤보고 싶은 게 있는데요. B사의 공급가석은 얼마입니까?
- 고객사: 170만 원입니다. (원래는 200만 원이지만)
- 공급사: (악수하며) 네, 알겠습니다. 감사합니다. 자주 뵙겠습니다.

사는 입장에서는 판매자의 첫 제시 가격을 알고 싶고, 파는 입장에서는 구매자가 원하는 가격을 알고 싶습니다. 하지만 협상에서는 누구든 가격을 먼저 꺼내지 않습니다. 협상의 기준이 되는 첫 번째 가격 제시에서 가장 많이 사용되는 스킬이 에임-하이(Aim-High) 전략입니다. 싸게 사고 싶으면 더 싸게 부르고, 비싸게 팔고 싶으면 더 비싸게 부르는 것입니다.

위 가상 대화에서는 고객사가 원하는 140만 원과 공급사가 원하는 180만 원이라는 첫 번째 입장 차이가 맞붙었습니다. 이때 자주 사용되는 전술이 가정법(假定法)입니다. "내가 만약 여러 개 사면 얼마나 할인해주겠느냐?", "현금으로 사면 얼마나 할인해주겠느냐?", "빨리 공급해주면 비싸게 사줄 수 있느냐?" 입니다. 협상 상대가 경험과 지식이 없는 상태라면 '티키타카' 몇 번으로 전략이나 원하는 가격선 등의 파악이 끝납니다. 하지만 어느 정도 비슷한 경력을 지녔다면 여러 번의 티키타카로는 협상이 마무리 되지 않습니다. 이때는 서로를 인정하면서도 자연스럽게 관점을 바꿔보는 시도를 해야 합니다.

　앞의 대화를 보게 되면 첫 번째로 공급사 영업담당이 '물량'으로 관점 바꾸기를 시도합니다. "160만 원에 더 많은 물량을 안정적으로 공급해주겠다"입니다. 그런데 이 시도는 고객사에서 필요 없다고 잘랐습니다. 두 번째 시도는 '납기'였습니다. 이 시도도 "원래 1개월 아니었나요?"라며 구매 담당의 노련한 물타기로 차단되었습니다. 세 번째 시도는 '결제 조건'이었습니다. 그런데 여기서부터 조금씩 먹혀들기 시작했습니다. 고객사 내부적으로 모든 공급사와의 결제 조건을 변경하라는 지시가 있었기 때문입니다. 결제 조건을 고객사 창고 도착 2개월 후 송금에서 3개월 후 송금으로 변경하는 시도를 했습니다. 관점 바꾸기 시도는 계속됩니다. '결제 조건 변경 받고, AS 기간 연장'이라는 고객사의 제안에 그것 받고 '계약 기간 연장'이라는 공급사의 제안이 이어졌습니다. 결국 가격은 160만 원에 결제 조건은 60일에서 90일로 연장, 배송 조건 변경, AS 기간 연장, 무상 교육과 업그레이드 비용으로 협상이 마무리되었습니다.

공급사 입장에서는 내심 원하던 160만 원 공급가에 '대형 고객사 납품'이라는 레퍼런스 확보 이점까지 생각하면 결제 조건, 배송 조건, AS 조건, 무상 교육과 업그레이드 비용은 크게 문제 될 게 없습니다. 고객사는 현재 B사로부터 공급받는 가격(200만 원)보다 무려 20% 낮은 가격으로 새롭게 공급 계약을 맺을 수 있게 되어 향후 B사를 압박할 수 있는 추가 기회도 생겼습니다. 결과적으로 둘 다 만족하는 협상이 되었습니다.

비즈니스 협상에서는 상대방 입장에서 회사 내부의 압박, 개인적인 욕구, 대안 등 다양한 니즈를 분석합니다. 그러다 협상이 잘 안 되고 막히는 타이밍에서는 새나 드론처럼 수직으로 상승해서 위에서 내려다보는 식의 협상의 관점을 바꾸는 전략이 필요합니다. '납기' 문제에서 '가격'으로 관점을 바꿔보고, '품질' 문제에서 '납기'로 관점을 바꿔보는 것입니다. 비즈니스 협상에서는 얼마나 치밀하게 잘 준비해서 다양한 관점으로 시뮬레이션을 해보느냐가 정말 중요합니다.

힘의 필요성

B2B 협상에서는 '갑'과 '을'의 역할이 존재합니다. 즉 힘의 역학이 있습니

다. 근데 이때 너무 일방으로 힘이 쏠리게 되면 공정한 거래가 안 되며 거래 관계를 오래 유지하기도 어렵습니다. 힘의 균형이 중요한 이유는 각 당사자가 서로에 의존해 윈윈하는 결과를 만들기 위함이며, 한쪽의 과도한 이윤 추구를 방지하고 상호 이익을 증진하기 위함입니다.

갑을은 십간(十干)의 첫 번째 갑(甲)과 두 번째 을(乙)을 의미하는데, 계약서를 쓰다 보면 주도권을 가진 쪽이 '갑' 그 반대쪽을 '을'이라고 합니다. 종종 30대 중후반의 직장인들이 조직의 힘과 위치를 이용한 '갑질'을 마치 효율적으로 일하는 능력으로 생각하는 경우가 있습니다.

제조사(B2B 공급사)와 유통사(B2B 고객사)로 좁혀서 살펴보겠습니다. 누가 '갑'일까요? 동물의 세계에서는 서로 눈빛만 교환해도 누가 높은 위치에 있는지 바로 아는 것처럼 B2B 비즈니스 관계에서도 명함만 교환하면 누가 갑인지 바로 압니다. 반드시 매출과 회사의 규모로만 결정되는 것은 아닙니다. 그 시점에 상대가 필요로 하는 능력이나 자원이 있느냐 그렇지 않느냐로 결정됩니다. 바로 힘(Power)입니다. 상대방이 원하지 않는 일도 강제로 억지로라도 하게끔 만들어내는 능력입니다. 상대방이 원하는 자원을 소유하고 그것을 통제하는 것입니다.

2010년 센가쿠(尖閣)열도에서 중국인 선장이 일본 해경에 연행되었던 사건으로 일본과 중국 사이에 긴장이 높아지던 시기가 있었습니다. 중국은 일본에게 없는 막강한 자원인 '희토류'가 있었습니다. 문제가 발생하자 중국은 자국에서 생산되던 희토류의 일본 수출을 통제했습니다. 힘을 사용한 셈입니다. 일본은 어쩔 수 없이 고개를 숙여야 했습니다.

힘이 필요한 이유는 한쪽의 극단적인 이윤 추구를 막기 위함입니다. 아무런 제약이 없다면 갑의 위치에 있는 기업은 끊임없이 마진을 극대화하려 합니다. 물자가 많이 없던 시절에는 제조사의 힘이 막강했습니다. 유통사는 어떻게 하면 물건을 더 얻을 수 있을까 하고 공장 앞에서 차를 대기시키며 줄을 서기도 했습니다. 하지만 최근에는 온라인 구매나 모바일 구매 등이 활발해지면서 한두 플랫폼으로 고객 쏠림 현상이 나타나며 힘의 기울기가 점점 더 유통사로 넘어가고 있습니다. 이런 상황에서 제조사가 힘을 발휘하려면 독보적인 제품과 기술을 가지는 방법밖에 없습니다.

8단계.
제품 테스트

테스트

파일럿 테스트(Pilot Test)는 1차, 2차, 3차를 혹은 더 많은 차수를 거칩니다. 1차는 단일 품목 한 개 라인, 2차는 여러 품목 여러 개 라인, 3차 이상은 전체 품목을 대상으로 합니다. 마지막 양산 테스트는 연속 운영과 비상 사항 대응 체계 등의 테스트입니다. 양산 테스트까지 끝나 최종 심사(Audit)를 통과하게 되면 정식 구매 계약이 이뤄지고 고객 관리(Account Management) 단계로 넘어갑니다.

2022년 8월 삼성전자는 엔비디아에 HBM3 샘플을 처음 제공하면서 납품 여부 테스트가 시작되었습니다. 이후 2023년 2

월에는 엔비디아 H100용 HBM3 인증 테스트를 진행했으나 안정성의 문제가 발견되었고, 이에 하반기에 개선된 HBM3 샘플로 재테스트를 진행했습니다. 2024년 1분기에는 HBM3E 샘플 테스트가 진행되었습니다. 삼성전자의 HBM 테스트는 현재까지도 계속해서 진행 중입니다.

SK하이닉스와 비교했을 때 삼성전자가 엔비디아에 HBM 납품이 아직 안 되는 이유는 AI 가속기용 HBM이 극도로 높은 신뢰성을 필요로 하며 적어도 1-2년의 검증과 테스트의 시간을 필요로 하기 때문입니다. 또한 기존 협력사에서 새로운 협력사로의 선환은 엔비디아 입장에서 큰 리스크로 안고 진행할 수밖에 없는 일입니다.

위 사례처럼 B2B 고객사가 반도체 제조사라면 1차 파일럿 테스트는 특정 반도체 생산 라인 하나에서 혹은 테스트용 라인 하나에서 품질 관리 시스템을 연동하여 진행합니다. 통상 1-2개월 정도가 소요되고 각종 센서 데이터 수집과 분석을 통해 안정성을 검사합니다. 2차 파일럿 테스트는 제품별로 2-3개 생산 라인으로 확대하여 테스트를 진행합니다. 이 단계에서는 제품 간 데이터 호환성과 통합 관리 체계를 검증합니다. 통상 2-3개월이 소요됩니다. 3차 파일럿 테스트는 전체 생산 라인을 대상으로 시스템을 구축하고 실시간 모니터링 체계를 검증하는 단계입니다. 공장 전체의 생산 데이터를 통합하고 실시간 의사결정 지원 체계를 구축합니다. 통상 3~4개월이 소요됩니다. 다음으로 양산 테스트는 24시간 연속 운영 테스트와 비상 상황 대응 체계를 점검합니다. 실제 생산 환경과 동일한 조건에서 시스템의 안정성과 성능을 검증합니다. 여기에도 몇 개월이 소요됩니다.

클라우드 시스템을 운영하는 IT 업체에 서버를 납품한다고 가정해보겠습니다. 1차 파일럿 테스트는 클라우드 스토리지 서비스를 대상으로 연동 테스트를 진행하며 기본적인 데이터 저장 및 호출 기능의 안정성을 검증합니다. 2차 파일럿 테스트는 컴퓨팅, 네트워크 서비스를 추가하여 서비스 간 연동을 검증합니다. 그리고 다양한 클라우드 서비스 간의 통합 운영 체계를 확인합니다. 3차 파일럿 테스트는 전체 서비스 통합 운영과 대규모 트래픽 상황에서의 부하 테스트를 수행합니다. 양산 테스트 단계에서는 실제 고객 데이터 마이그레이션과 SLA(Service-Level Agreement, 서비스 수준 계약)기준을 충족하는지를 검토합니다. 이 기준은 고객에게 제공하기로 약속한 서비스 수준으로 가동 시간, 납품 시간, 응답 시간 및 해결 시간 등의 지표가 포함되어 있습니다. 최종적으로 실제 서비스 환경에서의 성능과 안정성을 확인합니다.

자동차 제조사에 부품을 납품한다면 1차 파일럿 테스트는 생산 라인 1개를 대상으로 품질 검사 시스템 연동을 검증하고 데이터를 수집 후 분석을 합니다. 2차 파일럿 테스트는 SUV, 세단 등 2-3개 라인으로 확대하여 생산 시스템 연동을 검증합니다. 다양한 차종별 생산 데이터를 확인하는 것입니다. 3차 파일럿 테스트는 전체 생산 라인 통합 운영과 공급망 관리 시스템과 연동해서 검증합니다. 마지막 양산 테스트 단계에서는 생산량 단계별 확대와 품질 관리 기준 충족도를 검증하며 실제 생산 조건에서의 시스템 안정성을 최종 확인합니다.

고객사의 파일럿 테스트와 최종 심사가 완료되면, 공급사는 고객사를 관리 단계로 넘깁니다. 이 단계에서는 분기별 정기 성과 보고회를 통해 시스템 운영 현황을 점검하고, 연간 시스템 업그레이드 계획도 수립하며 정기적인 고객 만족도 조사를 실시합니다. 필요한 개선 사항을 도출하고, 실시간 기술 지원 체계도 운영하는 등 고객사에게 안정적인 서비스를 제공할 최선의 노력을 다하게 됩니다.

9단계.
고객 주문

구매 유형

B2B 비즈니스의 대표적인 구매 유형를 알아보겠습니다. 주기적으로 동일한 제품을 구매하는 것인지, 때에 따라 구매 갯수가 달라지는지, 맞춤 구매를 하는 것인지, 이에 따라 필요한 정보, 설득 포인트, 접근 방식이 달라집니다.

1)연속 재구매(Straight Re-buy)

연속 재구매(Straight Re-buy) 고객은 매일, 매주, 매월 등 일정 주기로 계속해서 동일한 물량을 구매합니다. 이런 구매 유형에 맞는 제품은 규격을 비롯해 여러 조건이 변하지 않는 특징을 갖고 있습니다. 볼트나 너트, 화스너 등으로 비교적 단순하고 새로운 정보나 요청 사항 없이 반복적으로 루틴하게 구매하는 유형의 제품입니다.

이때 주문의 귀찮음까지 떠안아 주는 자동 주문 시스템까지 공급사가 제공한다면 고객사는 더이상 새로운 거래처를 찾지 않아도 됩니다. 고객사 입장에서는 편한 것은 물론이고 비용도 줄일 수 있습니다. 이 정도 관계에까지 가게 되면 양사는 서로에게 더 이상 노력과 시간을 투자할 필요가 없다고 생각합니다. 하지만 꼭 이럴 때 문제가 발생합니다. 공급사가 매너리즘에 빠지는 순간 품질이나 납기 등의 문제가 나타나고, 새로운 경쟁자가 출현합니다. 공급사는 고객사와 함께 매우 안정적으로 지속적인 이익을 계속 얻을 갈 수 있도록 능력 있는 영업 담당을 배치하고 제품과 서비스의 품질을 최고 수준으로 유지하면서 경쟁사가 들어오지 못하도록 진입 장벽을 계속해서 높여가야 합니다.

반대로 새롭게 진입하는 공급사라면 기존 공급사가 매너리즘에 빠져 품질, 납기, AS 등에 틈이 생기길 기다렸다가 그 순간을 놓치지 말고 비집고 들어가야 합니다.

2)비연속 재구매(Modified Re-buy)
비연속 재구매(Modified Re-buy)는 비정기적으로 여러 구매 품목이 달라지고 수정되는 구매 유형입니다. 연속 재구매 유형과 비교하면 조금 더 복잡합니다. 기업에서 사용하는 차량을 예로 들어보겠습니다. 경제 상황에 따라 임직원이 사용하는 차량이 달라질 수 있습니다. 제조 업체, 종류, 구매 혹은 렌트, 사용 기간, 연료의 형태, 계약 주기, 업무별 용도 등 여러 가지가 변할 수 있습니다.

기업에 공급하는 노트북도 유사합니다. 동일한 스펙의 국산 노트북을 일시에 250대 구매해 3년 동안 사용하던 고객사의 니즈가 변할 수 있습니다. 몇 대는 공사 현장에서 사용할 용도로 비싸도 좋으니 더 튼튼한 제품으로, 또 몇 대는 개발자들이, 또 몇 대는 영상 제작과 편집을 빨리 할 수 있는 제품으로, 나머지는 일반 사무용 제품으로 사용한다고 했을 때 이러한 주문을 처리하고 관리하려면 좀 복잡해집니다. 노트북 종류별로 구매 시점도 달라지고 시기에 따라 제안해야 하는 제품의 성능도 달라지기 때문입니다. 이처럼 노트북, PC, 영업용 차량, 트럭, 중장비 등이 비연속 재구매 유형의 대표적인 사례입니다.

서비스에 해당하는 기업 교육과 컨설팅도 비연속 재구매가 적용되는 영역입니다. 2010년대 초반까지만 하더라도 연수원이나 교육장에 수십 명의 인원으로 2박 3일의 교육 과정을 연속적으로 진행했습니다. 그러나 최근에는 직원들의 니즈를 세분화해서 가장 적합한 교육의 형태와 내용으로 최적화하는 과정을 거칩니다. 빠르게 맞춤 서비스를 제공하고, 강사의 경험을 바탕으로 튜닝해주는 방식의 교육을 선호합니다.

그리고 무계획적으로 상사의 지시로 구매 프로젝트가 시작되는 경우도 있습니다. 이런 경우 이전에 주문했던 공급사로 동일하게 요청할 이유도 없습니다. 일부러 경쟁을 시켜 품질을 올리고 비용을 아끼도록 경쟁을 부추기기도 합니다. 이러한 이유 때문에 영업 담당자는 기존 고객에게 정기적으로 연락하고 그들의 고통과 니즈를 계속해서 확인해나가야 합니다.

3) 맞춤 제품(New Task) 구매

필자가 현업에서 세일즈 했던 산업 공구, 소재 등의 산업 분야가 이 방식의 구매 유형입니다. 일반적으로 맞춤 제품(New Task) 구매 유형은 기업 고객이 제품을 처음 구매할 때 RFP(제안 요청서)을 공급사(제조사)로 보내 제안과 견적을 받고 여러 번에 걸친 테스트를 하며 서로에게 필요한 스펙 등을 맞추도록 많은 시간과 노력을 들입니다. 예를 들어 절삭력과 수명은 강화되면서 구매 비용은 절감되는 산업 공구를 공급해달라는 요청을 받게 되면, 공구 제조사는 튼튼하고 잘 깨지지 않는 다이아몬드 가루를 금속 분말과 섞어 새롭게 제조한 공구를 조금 더 비싼 가격으로 제안하되, 늘어난 수명으로 인해 시간당 공구 구매 비용은 감소한다는 사실을 알립니다.

통상 산업의 변화 속도가 빠른 반도체, 전기 자동차, 로봇, AI, 스마트폰 등의 고객사는 공급사의 예측 불가능한 공급 차질을 항상 걱정합니다. 조금만 문제가 생겨 생산에 뒤처지거나 할 경우 경쟁력을 잃고 시장에서 퇴출되는 경우가 많기 때문입니다(그만큼 시장의 변화와 트렌드가 빠릅니다). 반도체 파운드리처럼 여러 산업의 다양한 고객의 제품을 신뢰성을 보장하며 높은 수율로 만들어내려면 공정상에 무수한 맞춤 제품이 필요하고 그 상황에 맞는 커스터마이징과 튜닝을 공급사에 요청합니다. 그래서 맞춤 제품 유형이 B2B 구매 유형 중 가장 대응하기 어렵고, 마찬가지로 새로운 고객사를 뚫기도 어렵습니다.

공급 이후 품질 문제가 발생한다면 이는 어떤 요인 때문이었는지 재빨리 원인을 찾아내는 것도 중요합니다. 다른 산업, 다른 기업에서는 문제없이 쓰던 제품이 막상 공급하려던 고객사에서는 문제가 되는 경우도 있습니다. 복잡한 공정일수록 여러 요인이 문제로 등장하는 만큼, 고객사와 함께 원인 진단을 잘하는 것이 중요합니다.

납기

B2B 영업에서는 가격, 결제 조건 다음으로 '납기'가 중요한 협상 요소입니다. 특히 납기는 생산 계획과 직결됩니다. 납기 단축 요구는 생산 일정을 방해하고 품질 문제를 유발할 수 있으므로 영업과 생산 부서는 합리적

인 납기를 설정하고 준수해야 합니다. 이때 '납기'와 '공기'의 구분이 중요합니다.

고객사를 만나 협상을 하다 보면 꼭 나오는 쟁점들이 있습니다. '가격', '결제 조건', '납기' 등입니다. 가격은 보장하는 물량에 따라 볼륨 디스카운트(Voulme Discount)를 적용한다면 조정이 가능하고, 결제 조건도 해외 고객인 경우 EXW(Ex-Works: 공장 인도 조건), FOB(Free on Board: 본선 인도 조건), CIF(Cost, Insurance and Freight: 운임 보험료 포함 인도 조건), DDP(Delivered Duty Paid: 관세 지급 인도 조건) 등으로 해결하면 됩니다. 하지만 납기만큼은 혼자서 해결할 수 있는 일이 아닙니다.

A라는 제품 100개를 중국 상하이에 있는 고객사에게 전달하는 일반적인 납기를 4주라고 가정해보겠습니다. 견적서를 보낼 때 딜리버리(Delivery, 배송 기간)나 리드 타임(Lead time, 발주한 후 납품 시까지 소요되는 시간) 항목에 '4 weeks'(4주)라고 명기합니다. 그런데 고객사의 구매 담당은 최대한 빨리 달라고 하며, 건별로 납기를 단축해달라고 요청합니다. 영업 담당 입장에서는 더 많은 오더를 짧은 주기로 받는다면, 할당된 영업 목표를 빨리 달성하여 보너스나 인센티브를 받을 수 있어 나쁠 게 없습니다. 빨리 배송해주면 납품 대금을 입금받는 시점도 빨라지기 때문입니다. 그러나 생산 현장에서는 골치 아픈 일이 벌

어집니다. 생산 일정을 고려해 계획대로 오더를 받지 않으면 결국 이에 대응하려다 품질 저하, 생산 비용 증가, 생산 인력의 재해, 생산 장비의 고장 등의 문제가 일어날 수 있습니다.

필자가 중소기업에서 해외 영업을 담당했을 때 4주가 일반적인 납기지만 생산은 대개 2주면 충분했기 때문에, 진행 상황을 신경 쓰지 않고 있다가 납기에 문제가 생기는 일이 종종 있었습니다. 그때마다 상사로부터 엄청난 꾸지람을 들었습니다.

"영업사원이라면 당연히 생산 라인에서 자기 제품이 어떻게 생산되고 있는지를 확인해야지, 컴퓨터에서 ERP 현황만 확인하면 돼? 당장 공장에 내려가서 진짜 상황을 확인해! 생산이 밀리면 같이 붙어서라도 만들던가..."

이후 틈만 나면 생산 라인에 내려가서 돌아가는 상황을 확인했습니다. 당시 저는 2주 생산에 납기가 4주인 만큼 계획대로만 진행되면 문제가 없는 구조인데, 왜 현장에서는 넉넉하게 준 생산 일정을 제대로 못 맞추는 걸까? 항상 의문이 들었습니다. 그러다 그 원인을 알게 됐습니다. 끊임없이 하달되는 긴급 생산 오더들 때문이었습니다. 대부분은 국내의 대기업 고객을 상대하는 고참 영업 담당의 제품이었는데, 테스트나 시급한 품질 개선품이 아닌 일반 제품도 1주일에서 2주일 만에 생산을 시키고 있었습니다. 게다가 고참 해외 영업 담당의 테스트용 긴급 오더 또한 끊임없이 하달되다 보니 생산 라인이 수시로 멈추고 있었습니다. 즉 '우선순위'의 문제였습니다. 한마디로 생산 현장이 영업에 휘둘리고 있었습니다.

당시 생산 담당이 휴식 시간에 담배를 피우면서 투덜거리던 모습이 지금도 생생하게 기억납니다.

"제기랄, 애초에 생산 계획대로 생산하면 문제가 없는데 허구한 날 테스트 제품, 긴급 제품이라면서 난리 치니까 미치겠네. 김과장님, 고속도로 보면 막힐 때가 있잖아요? 왜 그런지 아세요? 끼어들기 하는 차들이 많으니까 그래요. 생산에서도 계획에 없이 끼어드는 놈들 때문에 계속해서 문제가 생기는 겁니다."

진짜 딱 맞는 비유였습니다. 적은 물량의 테스트 제품이라도 장기적인 관점에서는 중요하다는 영업적 입장과 지금 생산 물량을 증대시켜 수익률을 개선하려는 생산 관리의 입장이 충돌하는 현상이었습니다.

B2B 공급사의 영업 담당자는 공기(工期)와 납기(納期)를 반드시 구분해서 인식해야 합니다. 공기(工期)는 공급사가 내부에서 제품을 만드는 기간입니다. 일부 기업은 영업 담당이 생산 계획 입안에도 참여합니다. 그래서 생산 제품별 우선순위와 현장의 생산 능력, 업무량 등을 고려해서 공기(工期)를 확인하고 검사, 포장, 출하, 운송, 통관 등의 절차와 일정까지 고려해서 최종 납기(納期, 고객사로의 제품 인도 시기)를 계산합니다.

국내 영업이라면 공장에서 출하될 때 영업 사원이 직접 차에 실어 몇 시간 안으로 고객사 담당자에게 배송해줄 수도 있지만, 해외 영업이라면 그렇지 못합니다. 이때 공기(工期)와 납기(納期)를 구분하지 않으면 큰 문제가 발생할 수 있습니다. 납기 내에 배송을 못했다고 필자에게 직접 비행기로 실어오라고 호통치던 해외 고객사의 화난 목소리가 지금도 생생합니다.

B2B 영업 담당으로 일을 해보면 소통과 조율 그리고 협상에 익숙해야 함을 절실하게 느낍니다. 영업 담당은 고객사의 구매 담당만 상대하는 것이 아니라 고객사의 구매, 생산, 연구, 품질 등 다양한 DMU(Decison Making Unit)를 상대하게 되고 내부적으로는 연구, 생산, 품질 등의 부서들과도 소통, 조율, 협상을 수시로 진행해야 합니다.

'납기 관리' 업무는 공급사의 규모에 따라 담당하는 부서가 달라질 수도 있습니다. 소규모 회사라면 생산 부서에서 설계, 조달, 생산, 검사, 납기 관리까지 담당할 수 있고, 생산 관리나 납기 관리 업무가 영업 관리 업무로 넘어오는 경우도 있습니다. 여러 영업 부서와 공장 및 생산 조직이 있다면 납기 관리만 전담하는 조직이 있을 수도 있습니다.

영업 입장에서 생각해보면 납기 관리까지 신경 쓰지 않게 해주는 것이 좋겠죠? 어느 조직에서 누가 담당을 하든 '납기 관리'를 제대로 하려면 공급사 내부의 공정에 대한 정보를 먼저 입수하고 대응하는 것이 기본입니다. 그리고 고객사를 상대로 무리하게 납기 약속을 하지 말아야 합니다. 생산 공정의 표준 시간과 기준 일정을 파악해서 합리적인 납기를 약속해야 합니다.

10단계.
고객 관리

경쟁사의 반격

B2B 프로세스 중에 공식적으로는 언급되지 않고 숨어 있는 단계가 있습니다. 바로 기존 공급사(경쟁사)의 반격입니다. 새로운 공급사가 낮은 가격과 좋은 품질 그리고 높은 생산성으로 시장에 진입하게 되면, 기존 공급사는 이를 방어하기 위해 다양한 전략을 사용해 경쟁 우위를 유지하고 신규 진입자를 견제합니다.

새로운 공급사가 낮은 가격과 좋은 품질 그리고 높은 생산성으로 시장에 진입하게 되면, 기존 공급사는 이를 방어하기 위해 다양한 전략을 사용합니다. 경쟁 우위를 유지하고 신규 진입자를 견제합니다. 그렇지 않으면 기존 공급사의 영업 담당은 회사 상사로부터 엄청난 압박을 받습니다. 이때 기존 공급사가 새로운 경쟁자에 대비해 취할 수 있는 전략을 살펴보겠습니다. 즉 지키는 전략입니다.

첫 번째는 '가격 인하' 전략입니다. 시장 점유율을 지키기 위해 가격을 인하를 단행합니다. 그러면 신규 진입자는 기존 공급사 이상으로 돈을 써야 합니다. A 반도체 제조사가 새로운 소재 공급자 C로부터 저렴한 소재의 공급을 제안받았다고 해보겠습니다. 기존 공급사 B는 주요 고객사인 A의 이딜을 막기 위해 가격을 낮추고 장기 계약 조건이나 추가적인 서비스 혜택을 제공하여 고객 유지를 시도합니다. 이때 C사가 B사를 넘어서기 위해서는 계속적인 출혈을 감내해야 합니다. 하지만 그것이 한계에 부딪히게 되면 A사 역시 공급사 교체에 대한 흥미나 동기가 사라져버립니다. 간혹 고객사인 A사가 기존 공급사인 B의 가격 할인을 유도하기 위해 의도적으로 C와 같은 다른 경쟁 공급사를 끌어들이기도 합니다.

두 번째는 제품 및 서비스 '차별화 전략'입니다. 기존 공급사는 기술적인 차별화와 품질 향상을 통해 경쟁 우위를 더욱 강화합니다. 예를 들어 IT 솔루션을 제공하는 D 공급사는 새로운 공급사인 E가 낮은 가격으로 시장에 진입하자, 자사의 솔루션에 추가 기능을 탑재하고 맞춤형 기술 지원 서비스를 더욱 강화해 고객사 F의 이탈을 방지합니다. 이러한 차별화는 단순히 가격 경쟁이 아닌 품질과 서비스에서 우위를 확보하는 것으로 신규 진입자의 시장 진입을 어렵게 만듭니다.

세 번째는 '고객 관계 강화'입니다. 기존 공급사는 고객사와의 관계를 더욱 강화하기 위해 고객 맞춤형 솔루션 제공, 정기적인 점검 및 컨설팅, 특별 고객 행사 초대, 접대 등을 제공합니다. 자동차 부품 제조사 G가 있습니다. 기존 공급사 H는 G에게 전담 지원팀을 제공하고 생산 최적화 컨설팅을 통해 고객사의 생산 효율성을 높여 공급가는 낮추지 않으면서도 제공하는 가치는 더욱 강화시킵니다. 고객사는 더 이상 공급사 교체의 필요성을 느끼지 못합니다.

이외에도 공급 안정성 강화, 리스크 관리 효율화 등으로 방어할 수도 있습니다. 그리고 기존 공급사가 신규 진입자를 방해하기 위해 간혹 불법적이거나 비윤리적인 방법을 사용할 때도 있습니다. 이러한 방법은 시장 경쟁의 공정성을 해치며 법적인 문제를 일으킵니다. 기존 공급사가 고객사 테스트 과정에 현장 계약직을 매수하여 신규 공급사의 제품 테스트를 방해할 수도 있고, 의사결정자에게 뇌물을 제공해 신규 공급사의 제안을 거절하도록 하는 방법도 있습니다. 그리고 허위 정보 유포로 신규 진입자의 평판을 손상시킬 수도 있습니다. 새롭게 진입하고자 하는 공급사는 이러한 기존 공급사의 다양한 공격과 방해를 잘 물리쳐야 기회를 얻을 수 있습니다.

불량 해결

공급하던 피스톤 링의 품질 문제로 인해 공급사인 **AA** 기업과 고객사인 **HH** 자동차 사이에 큰 분쟁이 발생했습니다. 이에 **AA** 기업은 문제의 원인을 신속히 파악하고 적절한 배상 방안을 마련하여 **HH** 자동차와의 관계를 회복하려고 했습니다. 이 가상 사례는 품질 관리의 중요성과 공급업체와 고객사 간의 효과적인 소통 및 문제 해결 능력이 B2B 비즈니스에서 얼마나 중요한지를 보여줍니다.

2011년 5월, 자동차 엔진의 실린더와 피스톤 사이의 압력과 가스를 막고 열은 잘 전달하며 윤활유는 새지 않도록 역할을 하는 피스톤 링의 공급 문제가 국내 자동차 업계에 터졌습니다. 당시 캠샤프트, 실린더 라이너, 피스톤 링 등의 엔진용 부품들을 국내 자동차 생산 업체에 납품하며 80%의 시장을 점유하고 있던 '유성기업'에서 문제가 생긴 것이었습니다. 근무 방식과 임금 체계 변화를 두고 사측과 갈등을 빚고 있던 노조가 파업을 한 것이었습니다. 피스톤 링의 가격은 1개당 1-2천 원에 불과한 작은 부품이지만 국내외의 많은 자동차 생산 업체의 라인을 멈춰버리는 일로 이어졌습니다. 당시 유성기업의 1일 매출이 5억 원 정도였는데, 납품 중단에 따른 손해배상액은 하루에 200-300억 원이 될 수 있는 상황이었습니다. (이 사건의 이면에는 현대자동차와 유성기업의 관계, 정부의 노동 관련 정책, 노조의 투쟁 등 여러 가지 얽히고설킨 배경이 있습니다.)

유성기업 사태를 통해 B2B 제조업에서 사소하게 보이는 작은 부품이 몰고 올 문제가 얼마나 중대하고 큰 것인지에 주목해보겠습니다. 잠시, 상상력을 발휘해 'AA 기업의 피스톤링 품질 문제 사태'로 한번 전개해보겠습니다.

20XX년 5월, AA 기업은 자동차 엔진용 피스톤링을 개당 1천 원으로 HH자동차에 납품하고 있었습니다. 공급 점유율은 80%로 HH자동차의 1일 자동차 생산량이 6천 대니 약 4천8백 대 분에 해당하는 피스톤링을 공급하고 있었습니다(자동차 종류에 따라 들어가는 피스톤링 숫자는 다릅니다). 하루 매출액은 8,640만 원이며, 30일 동안 약 26억 원 상당의 피스톤링 259만 2천 개를 납품했습니다. 그런데 1개월 뒤 HH자동차의 담당자로부터 전화가 왔습니다.

- HH 자동차: (격앙된 목소리로) 최근 AA 기업의 피스톤링을 사용하여 만든 자사 차량의 엔진에 문제가 속출하고 있습니다. 고객들 불만도 폭주하고 있고 리콜과 수리에 들어가는 비용도 상당합니다. 자사가 원인을 분석한 결과 당신들이 만든 피스톤링 파손으로 엔진에 문제가 발생했습니다.

1개월간 생산한 14만 4천 대 수리 비용만 144억 원이 소요
될 예정이니 전액 현금으로 배상해주시고 해당 기간에 납
품된 26억 원 상당의 품질 개선 대체품도 빠르게 납품해주
시기 바랍니다.

이렇게 품질 문제가 발생하면 고객사 입장에서는 강하게
클레임을 거는 경우가 대부분이고 피해 산정액도 향후 협상에
서 유리한 고지를 선점하기 위해서 부풀리는 경우가 대부분입
니다.

B2B 제조업에서 불량 문제가 발생했을 때 그 원인은 여러
가지입니다. 장비의 문제, 오퍼레이터의 부주의, 프로그램 오
작동, 전기 공급 문제, 소재 문제, 공구 문제 등이 있습니다. 외
국계 대기업 공급사들은 수십 년간 쌓아온 데이터와 레퍼런스
가 있기 때문에 문제 발생 시 방어를 잘합니다. 보통은 경험이
부족한 중소기업 공급사가 원인으로 타겟팅 되는 경우가 많습
니다. 이 케이스에서는 아직 문제의 원인이 정확히 무엇인지는
모르는 상태입니다.

- AA 기업: 문제가 발생한 점, 유감스럽게 생각합니다. 자사
  도 불량의 근본적 원인이 무엇인지 분석해보고 말씀드리겠
  습니다. 엔진의 문제 발생 현황과 원인으로 지목되고 있는

자사 피스톤링의 샘플을 제공해주시면 감사드리겠습니다. 자사 연구소에서도 분석하겠지만 제3의 분석 기관으로도 함께 의뢰했으면 합니다.

필자는 지난 14여 년 동안 여러 중소기업 규모의 제조사 교육과 워크샵 현장에서 품질 문제 발생 시 원인이 무엇이었는지 문의해보았습니다. 그 결과 반 이상은 자사보다는 다른 곳의 원인이 있었다고 입을 모아 말했습니다. 따라서 고객사에서 품질 문제를 제기하더라도 처음부터 그냥 인정하는 것이 아니라 공신력 있는 제3의 기관에 의뢰하는 등 공급사도 원인 파악을 정확하게 해보는 것이 중요합니다.

- HH 자동차[2주뒤]: 분석 결과가 나왔습니다. 문제가 된 피스톤링의 물성이 다른 기간에 납품된 것과 다르다고 나왔습니다. 따라서 쉽게 금이 가고 깨져 가스와 윤활유가 새고 실린더 내 불순물이 생성된다는 결론이 나왔습니다.
- AA 기업: 자사에서 조사한 결과도 유사합니다. 해당 기간에 생산한 배치(Batch, 같은 조건에서 생산된 제품의 묶음 단위) 중 열처리 방식 변경이 문제였으며 이에 따라 깨짐 현상이 발생했습니다. 진심으로 사과드리며 개선 방안에 대한 보고서를 며칠 내로 송부드리겠습니다.

품질 문제가 발생하고 자사의 문제로 확인되면 진심으로 사과하고, 문제점을 상세히 조사해서 빠르게 조치를 취해야 합니다. 시정 조치와 더불어 테스트를 다시 실시하고, 불량 원인을 제거하는 표준화를 진행해야 합니다. 고객사로 제일 먼저 제출해야 할 문서는 '품질개선방안'(Improvement Plan)입니다.

- HH 자동차: 네, 알겠구요. 수리 비용 144억 원에 대해서는 어떻게 배상해주시겠습니까?
- ΛΛ 기업: 자사의 1년 매출액이 500억 원 수준입니다. 144억 원이면 전체 매출의 30% 수준입니다. 아시다시피 저희 회사 이익률은 2-3% 수준입니다. 요구하시는 배상액이면 자사는 재무적으로 매우 위험해집니다. 부디 선처를 부탁드립니다. 장기적으로 이러한 품질 문제가 발생하지 않게 관리하고, 귀사에 적극적으로 협조하는 공급사로 재탄생하겠습니다. 부디 선처해주시고 배상액은 최대한 줄여주시기를 부탁드립니다.

품질의 문제가 자사의 문제로 드러났다면 배상액을 줄이기 위한 협상에 들어가야 합니다. "요구하는 배상액을 그대로 받아들이면 회사가 망하게 된다. 배상액을 줄이는 선처를 해달라"라는 식으로 얘기합니다.

- HH 자동차: 상황은 잘 알겠습니다. 지금까지 십여 년간의 관계도 있고, 내부 논의결과 50억 원 수준으로 배상금을 대폭 줄여 드리겠습니다. 50억 원의 배상금은 전액 현금으로 배상해주기 바랍니다.

- AA 기업 : 말씀드리기 죄송합니다만, 50억 원의 배상금을 현금으로 지불해 드리기엔 자사의 현금 흐름이 좋지 않습니다. 양해해 주신다면 현재도 문제없이 납품하고 있는 캠샤프트 제품 50억 원어치를 배상액으로 제공해 드리면 어떻겠습니까? 부디 양해 부탁드리겠습니다.

배상액을 '현금'으로 지불하는 것이 좋을까요? '현물'로 지불하는 것이 좋을까요? '돈'이냐? '상품'이냐? 매우 중요한 협상 단계입니다. 당연히 '현물'입니다. 재료비와 제조 경비를 고려한 제조원가가 판매액을 기준으로 한 금액보다 낮기 때문입니다. 생산 물량이 많아지면 개당 제조 원가는 더 낮아질 수 있습니다. 아울러 경쟁사의 점유율을 빼앗아 올 수도 있습니다.

- HH 자동차: 네, 알겠습니다. 50억 원 상당의 '캠사프트' 제품을 배상금 차원에서 추가로 납품해주시기 바랍니다. 언제까지 납품할 수 있나요?

'언제'가 나왔습니다. '납기'입니다. 그런데 이것보다 더 중요한 것이 있습니다. '몇 번'에 걸쳐서? 입니다. '일괄 납품'인지 '분할 납품'인지가 중요합니다.

- AA 기업: 다시 이런 말씀 드려 송구스럽지만 50억 원 상당의 캠샤프트를 일괄로 납품한다면 HH자동차에서는 재고 관리의 비용이 추가로 생길 겁니다. 현재 월 10억 원씩 납품하고 있는 기본 물량에 월 2.5억 원 상당 물량을 추가해서 20회로 나눠서 납품하면 어떨까요?
- HH 자동차: 20회 분할은 너무 오랜 기간입니다. 10회로 나눠서 월 5억 원의 물량을 추가로 납품해 주시되 기존의 월 10억 원의 캠샤프트 물량은 7억 원 수준으로 줄여서 납품해 주시기 바랍니다.
- AA 기업: 기존의 월 10억 원의 물량은 유지하고 월 7억 원의 물량을 7회에 걸쳐 무상으로 납품해드리면 안 될까요?
- HH 자동차: 네, 그렇게 하시죠. 피스톤 링의 품질 개선은 어떻게 할 예정인가요?
- AA 기업: 내부 테스트를 거쳐 개선된 제품을 빠르게 납품하도록 하겠습니다. 아울러 기존 대비 개선된 품질 테스트를 계속 진행해 HH자동차의 원가 절감에 이바지하도록 하겠습니다.

자동차 업계 관계자분들이 이 가상의 대화를 보고 현실성이 떨어진다는 지적을 하실 수도 있습니다. 필자의 상상력으로 쓴 것임을 감안해주시기 바랍니다.

B2B고객사에서 품질 불량 문제가 발생하면 반품이나 교체 비용, 리콜, 손해 배상 등 B2C와 비교할 수 없을 정도의 막대한 배상금 요구를 맞닥트리게 됩니다. 이때 공급사가 제일 먼저 해야 할 것은 '근본 원인'(Root Cause) 파악입니다. 공급사와 고객사, 제3의 기관에서 파악한 불량의 원인이 공급사였다면 진심 어린 사과와 품질 개선 방안을 준비해야 하며 이어지는 협상에서 배상액을 줄이기 위한 노력을 해야 합니다. 그리고 배상액이 확정되면 '현금'이 아닌 '현물'로 갚도록 하며, 납품 기간을 최대한 나눠서 최대한 많은 횟수로 길게 배상하도록 하는 것이 최선입니다.

문제가 발생했다고 해서 고객사가 공급사와의 관계를 단칼에 끊기는 어렵습니다. 빠르게 문제를 해결해 전화위복의 계기로 삼아야 합니다.

에필로그

지난 2년간 강의와 컨설팅을 하면서 틈틈이 'B2B마케팅, 세일즈'에 관한 글을 써왔습니다. 중간에 바쁘다는 핑계로 몇 달씩 멈추기도 했습니다. 시간이 너무 오래 걸린다는 생각에 마음이 무거웠던 순간도 많았습니다. 하지만 끝까지 완주해보겠다는 생각으로 강의 자료를 업데이트하는 동시에 글도 계속해서 썼습니다. 결코 쉽지 않은 과정이었지만 진척도가 50%가 넘어가 도착 지점이 보일 땐 가슴이 두근거리기도 했습니다.

오랜 노력 끝에 드디어 이렇게 한 권의 책으로 묶어내게 되었습니다. 글의 토대가 되어 준 것은 결국 영업의 경험과 강의였습니다. 저에게 영업을 가르쳐 주신 수많은 선배분들과 고객사 담당자 여러분 그리고 열정적으로 교육을 들어주신 영업 담당 실무자 여러분께 가장 큰 감사를 드립니다. 그리고 글쓰기를 핑계로 집안일에도 소홀했음에도 불구하고 변함없이 지지해주고 이해해 준 가족들에게도 마찬가지로 감사의 마음을 전하고 싶습니다.

글을 쓰던 지난 2년 사이에 누구나 쉽게 사용할 수 있는 인공지능이 우리 주변에 등장했습니다. 우리 삶의 많은 부분이 또다시 변화의 날개를 펼치고 있습니다. 모든 부분이 빠르게 바뀔 것 같습니다. 변화무쌍한 B2B 영업의 세계처럼 계속해서 배우고, 성장하며, 새로운 시도를 하는 방법밖에 없는 것 같습니다.

독자 여러분께서 이 책으로 B2B 마케팅과 세일즈에 인사이트와 힌트를 얻고, 실제 업무에도 적용하여 성공적인 영업 결과를 만드셨으면 좋겠습니다. 그때는 꼭 메일이나 카톡으로 연락부탁드리겠습니다. 함께 기쁨을 나누는 것을 학수고대하겠습니다. 저와 함께 이 여정을 함께 걸어주신 모든 분께 진심으로 감사드립니다.

2025년 3월 김종혁 강사

(BH 050)

B2B 마케팅 설계 - 10단계 프로세스로 완성하다

초판 1쇄 발행 2025년 4월 1일

지은이 김종혁

펴낸이 이승현
디자인 페이지엔

펴낸곳 좋은습관연구소
출판신고 2023년 5월 16일 제 2023-000097호

이메일 buildhabits@naver.com
홈페이지 buildhabits.kr

ISBN 979-11-93639-36-8 (13320)

좋은습관연구소에서는 누구의 글이든 한 권의 책으로 정리할 수 있게 도움을 드리고
있습니다. 메일로 문의주세요.